Diogenes Taschenbuch 24426

detebe

Der schönste Ort der Welt

Von Menschen in Buchhandlungen

Ausgewählt von
Martha Schoknecht

Diogenes

Die vorliegende Auswahl
erschien erstmals 2015
im Diogenes Verlag
Nachweis am Schluss des Bandes
Covermotiv: Gemälde von Patti Mollica,
›Union Square Bookstore‹ (Ausschnitt)

Veröffentlicht als Diogenes Taschenbuch, 2018

www.diogenes.ch
100/18/44/1
ISBN 978 3 257 24426 7

»Unter dem Buchhandel
stelle ich mir von jeher etwas
Entzückendes vor, und ich
verstehe nicht, warum ich immer
noch außerhalb dieses Lieblichen und Schönen schmachten
muss.«

Robert Walser,
›Geschwister Tanner‹

Inhalt

URS WIDMER

Buchhändler!

Du kletterst auf Leitern und Stühle, um unsre Werke in die Hände der Kunden zu legen. In deinem Büro hängt ein Poster, auf dem steht, was der moderne Buchhändler von heute nicht tun darf, wenn er am Ball bleiben will. Du aber stolperst über jeden Ball, Buchhändler! Du liebst deine Leitern und Stühle. Da sitzt du und liest unsre langsam vergilbten Erstlinge. Für dich wollen wir ein Buch schreiben, das, statt fast niemand, gar niemand kauft, das kannst du am Lager behalten ein Leben lang. Wir kommen dich jede Woche besuchen, du kochst einen Tee, wir bringen einen Schnaps mit, und dann erzählst du uns, wie du einmal, 1933, ein Buch schreiben wolltest, das die Welt von damals auf einen Schlag verändert hätte.

Büchermenschen

Büchermenschen, sagen Sie? Solche, die im Stehen, Sitzen, Liegen lesen, die ihre Brut vernachlässigen, ihre Haltestelle verpassen, die innerlich überbevölkert leben? Menschen, die der ›künstlerischen Literatur‹ eine ›höhere Bedeutung‹ beimessen als den meisten ›anderen menschlichen Tätigkeiten‹, wie Robert Musil fand? Die wie Cyrano de Bergerac Angst haben, sie könnten eines Tages ›vor Geist platzen‹?

Roger Willemsen

Geben wir zu, dass das Lesen für uns bloß ein Betäubungsmittel ist, ohne das wir nicht auskommen – wer von uns kennt nicht die Unrast, die uns erfasst, wenn wir allzu lange vom Lesen abgehalten werden, das Unbehagen und die Reizbarkeit, und schließlich der Seufzer der Erleichterung, den der Anblick bedruckter Seiten in uns auslöst? –, und bilden wir uns nicht ein, dass wir besser seien als die armen Abhängigen von Injektionsspritze und Flasche.

W. Somerset Maugham

OTTO JÄGERSBERG

Bücher zum Einschlafen

Verleger und Buchhändler vernachlässigen Bücherfreunde, die Bücher zum Einschlafen wünschen, was heißt wünschen: benötigen. Kein Verlag wirbt mit Einschlafbüchern, keine Buchhandlung verfügt über ein Regal mit Büchern zum Einschlafen. Dabei sucht der gewiefte Einschläfer als Kunde genau das, das Buch zum Einschlafen. Kein langweiliges, kein aufmunterndes, kein belehrendes Buch, sondern eins, über das man getrost und guten Gewissens einschlafen kann. Bei einem langweiligen Buch wird sich der Leser ärgern, es gekauft zu haben, und vor Ärger wird er lange nicht einschlafen können. Bei einem aufmunternden Buch steht zu befürchten, dass es den Leser dergestalt aufmuntert, dass er sein Bett verlässt und Handlungen ausführt, zu denen das Buch ihn aufgemuntert hat. Das belehrende Buch wird den Leser daran erinnern, was er alles nicht weiß, und die Liste wird unendlich lang und sich die Nacht über ausdehnen, der Leser liegt schlaflos und schämt sich, oder er beginnt augenblicklich damit, Russisch zu lernen oder sich mit Mykologie zu befassen. So kommt und kommt er nicht dazu einzuschlafen. Dagegen eine Buchhandlung betreten, sich aus dem Regal der Bücher zum Einschlafen ein nachtdunkles Exemplar geschnappt, bezahlt, und dann im Bett mit der Lektüre begonnen, schwups, ist man eingeschlafen. Aber es gibt kein Regal mit Büchern zum Einschlafen.

Ganz schlimm und am Kunden vorbei sind die Empfehlungen des Buchhändlers, dies sei ein spannendes Buch, dies ein Sprachkunstwerk oder dies, oh, là, là!, nachgerade gewagt. Damit bringt man keinen Leser zum Einschlafen. Ein guter Buchhändler sollte ein gutes Buch zum Einschlafen gelesen, das heißt geprüft und an sich selbst erfahren haben. Er sollte sagen können, ich garantiere Ihnen die Einschlafqualität dieser Neuerscheinung; wenn Sie über die Seite sieben hinauskommen, kriegen Sie Ihr Geld zurück, ich war schon bei Seite fünf hinüber. Das schafft Vertrauen. Die Realität sieht anders aus. Wenn ich meinen Buchhändler frage, haben Sie was Neues zum Einschlafen, eiert er rum, geniert sich und versichert wortreich das Gegenteil. So kommen wir nicht weiter.

Doch scheinen sie lernfähig zu sein, die Buchhändler, zumindest meiner.

Ich habe da, glaube ich, etwas für Sie, sagte mein Buchhändler und tippte auf einen Stapel frischer Bücher. Kostümierter Mann auf dem Umschlag, einige Finger zwischen die Knöpfe seiner Weste geschoben, lässig. Es geht um Napoleon, sagte mein Buchhändler, wie Sie hatte Napoleon ein Einschlafproblem. Er konnte ja nicht mehr als drei Stunden schlafen, das hätte seinem Ruf, allgegenwärtig zu sein, geschadet, also war er darauf angewiesen, schnell einzuschlafen. Napoleon packte alles, was ihm durch den Kopf ging, in Schubladen. Sein Kopf war ein einziges Regal mit vielen Schubladen. Die Schubladen waren geordnet nach Sachgebieten: Angriff, Nachschub, Frauen und so weiter. Wenn er einschlafen wollte, sortierte er schnell seine Gedanken in die betreffenden Schubladen und schob sie zu. Schon war er eingeschlafen.

Und wenn eine Schublade klemmte?

Die Schubladen ließen sich wegen des täglichen Gebrauchs zuschieben wie geschmiert. Für einen geplagten Einschläfer wie Sie doch hochinteressant.

Hochinteressant? Für mich, der ich ein Buch zum Einschlafen suchte, wäre interessant schon die dümmste Empfehlung gewesen, hochinteressant war die allerdümmste.

Nicht im eigentlichen Sinne, verbesserte sich mein Buchhändler, es ist interessant, weil es eine

Theorie verfolgt, die einen schnell einschlafen lässt. Napoleon war in Wahrheit, schreibt der Autor, nämlich nicht Napoleon, also Korse, Kaiser, Frauenheld, sondern Napoleon war, das steht schon auf Seite drei, Appenzeller, hieß Niklas Guttheil und konnte auf zwei Fingern pfeifen.

Wie weit kamen Sie?, fragte ich ihn.

Ich kam bis Seite fünf, sagte er.

Ich kaufte das Buch, legte mich am Abend mit den größten einschlaferhoffendsten Erwartungen ins Bett und begann zu lesen. Bei Seite fünf legte ich das Buch aus der Hand, löschte das Licht und versuchte einzuschlafen. Ohne Erfolg. Ich versuchte es mit Napoleons Schubladen, imaginierte ein Regal in meinen Kopf und steckte alle Gedanken, die guten wie die schlechten, in die betreffenden Schubladen, legte auch das Buch in die letzte noch offene und schob sie alle zu. Nichts. Es ließ mir keine Ruhe, dass Napoleon, der Appenzeller, auf zwei Fingern pfeifen konnte. Ich konnte das nicht. Ich wollte schon als Kind immer auf zwei Fingern pfeifen können. Dann kamen lange Jahre, in denen ich vergaß, dass ich einmal auf zwei Fingern pfeifen können wollte. Jetzt war der Gedanke, dass ich endlich auch auf zwei Fingern pfeifen können sollte, so dringend, dass ich zu üben begann. Ich übte sehr.

INGRID NOLL

Begegnungen im Buchladen

Autoren verdienen ihr Geld zwar hauptsächlich durch verkaufte Bücher, aber auch mit Lesungen, die meistens in Buchhandlungen stattfinden. Dort kommt es immer wieder zu denkwürdigen Begegnungen. Zum Beispiel mit dem dicken Mann, der vor der Veranstaltung noch schnell eine defekte Leselampe reparieren sollte.

»Schreiben Sie doch mal einen Krimi, der hier in diesem Laden spielt.«

»Und wie stellen Sie sich das vor?«

»Ein Überfall! Ein richtiger Raubüberfall nach einer Lesung, wenn die Gäste fort sind und die Kasse gut gefüllt ist! Aber ich will auch darin vorkommen.«

»Was möchten Sie denn sein? Räuber, Buchhändler, Kassierer, Geisel, Polizist oder Leiche?«

Der dicke Mann überlegte lange.

»Machen Sie mit mir, was Sie wollen. Aber machen Sie mich dünner!«

So mancher Leser hat Ideen, Vor- und Ratschläge oder Bitten. Kleinstädte in meiner Nachbarschaft wie Mörlenbach und Wald-Michelbach kamen bis vor kurzem in keinem meiner Romane vor, das habe ich auf mehrmaliges Drängen endlich berücksichtigt; auch für die sächsischen Quarkkeulchen habe ich auf Wunsch eines Leipziger Paares schon Reklame gemacht. Andere Leser empfahlen ein besonders raffiniertes Verbrechen im Beichtstuhl, im Kuhstall, beim Zahnarzt oder im Schrebergarten. Ihre Chefin sei eine ganz besonders fiese Person, erzählte eine junge Frau, sie könne sie so präzise schildern, dass ich diesen Drachen in einem Krimi – zwar unter anderem Namen, aber gut erkennbar – erfolgreich unter- und umbringen könne. Als sich einmal nach der Lesung nur wenige Zuhörer mit Fragen meldeten, bot ich an, auch Tipps unter vier Augen zu geben. In der ersten Reihe saß ein nicht mehr junges Ehepaar, und der Mann zischte seiner Frau zu: »Da gehst du mir nicht hin!«

Wenn es eine Pause mit Weinausschank gibt, steigt in der zweiten Hälfte die Stimmung ganz erheblich. Es wird gelacht, wo es wirklich nichts zu lachen gibt. Vor mir saß einmal eine Gruppe von Apothekerinnen und Deutschlehrerinnen, die so laut gickelten, dass ich kaum mehr zu hören war. Hustende Opas, ohnmächtige Teenager, allergische Niesanfälle, schnarchende Dackel und schreiende Babys können mich deswegen kaum aus der Fassung bringen. Zum Glück ist es bisher nie zu Geburten oder Todesfällen gekommen, denn das würde mich tatsächlich überfordern.

Auch beim Signieren gibt es gelegentlich ganz spezielle Aufträge, da soll ich für eine geliebte Kratzbürste etwas Widerborstiges reinschreiben, mir in Sekundenschnelle etwas einmalig Originelles einfallen lassen, häufig auch zu Geburtstagen, Hochzeiten, Ostern und Weihnachten gratulieren sowie als leichtere Übung schöne Ferien oder gute Besserung wünschen. Eine ältere Dame packte einen ganzen Stoffbeutel voller Bücher zum Signieren aus, es waren alles Romane meiner wunderbaren Kollegin Donna Leon. Ach, ich liebe mein Publikum!

LEO P. ARD

Die Todsünden der Buchhändlerin Roswitha E.

Hauptkommissar Brenner saß im Vernehmungsraum der Mordkommission und lehnte sich entspannt zurück. Dies war ein leichter Fall. Der Mann hatte sich widerstandslos in der Nähe des Tatorts festnehmen lassen und die Tat sofort zugegeben. Er bestand nicht mal auf einen Anwalt.

Obwohl bisher niemand auf die Idee gekommen war, Brenners Kampf gegen das Verbrechen in einer Doku-Soap festzuhalten, galt er doch als einer der besten und beliebtesten Polizisten in ganz Ostwestfalen. Brenner konnte eine ansehnliche Aufklärungsrate vorweisen, was er vor allem seiner Menschenkenntnis und ausgeklügelten Vernehmungstechnik verdankte. Auch mit seinem Äußeren war Brenner zufrieden, sah er doch aus, als ob er einem Werbeplakat der Polizei entsprungen war: hochgewachsen, sportlich, ein ernster, aber keineswegs unfreundlicher Blick. Obwohl er Mitte fünfzig war, hätte er mit seinem jugendhaften Lächeln auch gut als Verkäufer von Hausratsversicherungen, Schnellfeuergewehren und Viagra durchgehen können.

Auf seiner linken Hand, die auf dem Aktendeckel ruhte, vögelten zwei Fliegen. Er konnte keine Rücksicht auf die Liebenden nehmen, klappte den Ordner auf und schaute sich die Fotos von Opfer und Tatort an.

Roswitha Engermann war einundfünfzig Jahre alt geworden. Eine kleine, etwas rundliche Frau mit einem freundlichen Gesicht. Selbst der Tod hatte ihr nicht das warme Lächeln genommen, mit dem sie auch den Kommissar stets begrüßt hatte, wenn er ihre Buchhandlung betrat, um sich mit Urlaubslektüre einzudecken.

Ihr Kopf war unnatürlich verdreht, Folge des heftigen Schlages mit der Tatwaffe. Das Mordinstrument war von allen Seiten fotografiert worden. Es handelte sich um eine Bibel, illustriert mit Zeichnungen und Gemälden von Salvador Dalí. Ausmaße: 30,6 × 22,3 × 5,3 cm, 2,2 kg schwer und mit Fingerabdrücken des Geständigen übersät.

Der Todeszeitpunkt lag nach Auskunft des Rechtsmediziners zwischen 8:30 und 9:00 Uhr, was sich mit der Aussage des Täters deckte. Der hatte anschließend die Buchhandlung verlassen, in einem nahen Bistro einen Kaffee zu sich genommen und um 9:16 Uhr die Polizei angerufen.

Die Tür zum Vernehmungsraum öffnete sich, und Hauptwachtmeister Rippelmeyer führte einen entspannt wirkenden Mann in Jeans und Sakko herein, der sich kurz im Raum umschaute und dann unaufgefordert auf dem freien Stuhl gegenüber dem Hauptkommissar Platz nahm.

»Soll ich ihm die Handschellen abnehmen?«, fragte der Hauptwachtmeister und strich sich mit der Hand über seinen ergrauten Schnurrbart.

Brenner nickte, und Rippelmeyer machte seinen Job, bevor er grußlos den Raum verließ.

Brenner musterte den Mann. Er hatte mittellanges, leicht ergrautes Haar, trug eine Brille und einen Dreitagebart. Die Lachfalten um seine braunen Augen verrieten, dass er kein Kind von Traurigkeit war. Brenner fand ihn nicht unsympathisch.

»Wollen wir anfangen?«

Sein Gegenüber nickte, und Brenner startete das Aufnahmegerät.

»Heute ist der 24. Juni. Es ist 12:40 Uhr. Die Befragung des Beschuldigten führt Hauptkommissar Brenner durch.«

Brenner schob das Mikro in die Tischmitte. »Sie werden als Beschuldigter einvernommen. Ihnen wird vorgeworfen, die Buchhändlerin Roswitha Engermann am gestrigen Morgen getötet zu haben. Es steht Ihnen frei, sich zur Tat zu äußern. Sie können jederzeit einen Anwalt hinzuziehen. Möchten Sie sich äußern?«

»Ja!«

Brenner nickte zufrieden, er hatte nichts anderes erwartet. »Fangen wir mit der Feststellung der Personalien an!«

Sein Gegenüber räusperte sich und zupfte sein graues Leinensakko zurecht.

»Ich heiße Jürgen Pomorin und wurde am 15. Januar 1953 in Bochum geboren. Dort bin ich auch wohnhaft. Ich bin Autor von Beruf, genauer gesagt, ich schreibe Kriminalromane.«

Obwohl Brenner Krimis liebte, hatte er den Namen des Schreiberlings noch nie gehört. Allerdings verschmähte er Krimis, die in Deutschland spielten, und vergnügte sich lieber an dänischen oder schwedischen Mordgeschichten.

»Sie sind gestern aus Bochum zu einer Lesung angereist. Mit dem Zug?«

Der Autor nickte. »Frau Engermann hatte mir die günstigsten Zugverbindungen am Telefon genannt. Jedenfalls hatte ich mich darauf verlassen, aber die Buchhändlerin muss etwas durcheinandergebracht haben, denn ich habe stets die Anschlusszüge verpasst. Letztendlich war ich sechs Stunden unterwegs.«

Brenner runzelte die Stirn. »Sechs Stunden für zweiundachtzig Kilometer? Da hätten Sie auch das Fahrrad nehmen können.«

Der Autor nickte erneut.

»Frau Engermann wollte mich am Bahnhof abholen. Als ich sie anrief, sagte sie mir, dass sie nun doch keine Zeit habe, ich solle ein Taxi nehmen. Das habe ich dann auch gemacht. Die Kosten wollte sie mir aber nicht ersetzen, das fand ich ziemlich mies.«

Brenner lehnte sich zurück. »Erzählen Sie vom gestrigen Abend!«

»Es waren noch zwei Stunden bis zur Lesung. Da ich noch nichts gegessen hatte, wollte ich eine Kleinigkeit zu mir nehmen. Frau Engermann fand die Idee nicht so gut und bat mich, ihr ein wenig zu helfen.«

»Was Sie auch getan haben«, mutmaßte Brenner.

»Die erste Stunde musste ich Bücherkartons aus dem Keller in die Buchhandlung tragen und auspacken, dann das Klo reinigen, anschließend den Raum für die Zuhörer vorbereiten, Stühle aufstellen und so.«

»Was hat Frau Engermann in der Zeit gemacht?«

»Sie hat recherchiert. Sie gibt an der Volkshochschule einen Kurs über die Nachwirkungen der Werke Platos bei Machiavelli, Heidegger und Strauss.«

Brenner nickte. »Frau Engermann war eine sehr gebildete Frau. Wann begann Ihre Lesung?«

»Sie sollte um zwanzig Uhr beginnen. Da waren aber erst zwei Zuhörer anwesend. Frau Engermann hat noch ein wenig herumtelefoniert, und schließlich kamen noch vier Frauen aus dem VHS-Kurs. Ich war schon ein wenig irritiert. Normalerweise kommen dreißig bis vierzig Leute zu meinen Lesungen. Na ja, aber wieso hätten auch mehr kommen sollen? Frau Engermann hatte es nicht für notwendig gehalten, die Presse zu informieren, Flyer zu verteilen oder Plakate aufzuhängen.«

Brenner zog die Augenbrauen hoch. »Das verstehe ich nicht. Frau Engermann hat Sie doch eingeladen. Sie muss doch ein Interesse daran gehabt haben, dass der Saal voll wird.«

»Davon bin ich auch ausgegangen. Aber sie hat mir hinterher erzählt, dass sie mich nur engagiert hat, weil meine Verlegerin ihr sonst nicht den Bestsellerautor vermittelt hätte, der im gleichen Verlag veröffentlicht. Frau Engermann mochte keine Kriminalromane. Sie hatte auch nur drei Exemplare meines letzten Buches vorrätig.«

»Sind die anschließend verkauft worden?«

»Leider nein!«

Brenner legte die Stirn in Falten. »Ich entnehme Ihren Ausführungen eine gewisse Frustration. Ihr Verhältnis zu Frau Engermann war etwas angespannt. Kann man das so sagen?«

Der Autor nickte. »Die vier VHS-Frauen sind nach einer halben Stunde gegangen, und da die beiden anderen Besucher offenbar auch nur aus Freundlichkeit zu Frau Engermann gekommen waren, wollte ich die Lesung nach einer Dreiviertelstunde beenden. Aber Frau Engermann bestand auf Vertragserfüllung. Ich habe eineinhalb Stunden lesen müssen.«

Brenner zuckte mit den Achseln. »Vertrag ist Vertrag!«

Der Autor rückte seine Brille zurecht. »Im Vertrag steht auch, dass der Autor nach der Lesung zum Essen eingeladen wird. Ich hatte telefonisch mit Frau Engermann verabredet, dass wir nicht zu einem Griechen gehen.«

»Das ist aber sehr extravagant!«

Der Autor schüttelte den Kopf. »Überhaupt nicht. Ich habe manchmal drei Lesungen in der Woche. Immer landen wir beim billigsten Griechen der Stadt. Ich kann kein Tsatsiki, Gyros und Moussaka mehr sehen.«

Brenner grinste. »Das kann ich verstehen!«

»Und wo führte sie mich hin?«, fuhr der Autor fort. »In die Taverne Mykonos. Angeblich waren die anderen Restaurants bereits geschlossen. Ich habe auf das Essen verzichtet und Frau Engermann gebeten, mir das Hotel zu zeigen, in dem ich nächtigen sollte. Dann kam die nächste Überraschung.«

»Wieso? Unsere Hotels sind tadellos!«

»Sie hatte kein Hotelzimmer gebucht. Ich sollte in ihrem Gästezimmer schlafen, um zu sparen.«

»Okay. Das ist nachvollziehbar!«

Das Gesicht des Autors lief rot an. »Das sogenannte Gästezimmer entpuppte sich als ehemaliges Kinderzimmer ihrer mittlerweile erwachsenen und ausgezogenen Tochter. Es ist rosa angestrichen, mit Postern von Pferden an der Wand. Das Bett mit einem stabilen Holzrahmen ist eins siebzig lang, ich bin eins fünfundachtzig groß. Auch die Bettwäsche war rosa, mit Motiven von einem Ponyhof. Der Weg zur Toilette führte durch das Schlafzimmer von Frau Engermann. Obwohl ich dringend aufs Klo musste, konnte ich das Bad zunächst nicht benutzen, weil Frau Engermann ein ausgiebiges Wannenbad nahm.«

Brenner stellte sich vor, wie der Autor mit voller Blase vor der Toilette auf und ab lief. Kein schöner Gedanke. Mit einer Handbewegung forderte er den Schreiberling auf fortzufahren.

»In meiner Not habe ich meine Blase im Blumentopf auf dem Balkon entleert. Dann habe ich die Matratze auf den Fußboden gelegt und war gerade eingeschlafen, als mich Frau Engermann weckte und mich zu einem Glas Wein einlud. Ich wollte nicht unhöflich sein und zog mich wieder an. Der lauwarme Wein kam aus der Tüte und Frau Engermann von Hölzchen auf Stöckchen. Ärger bei der Erziehung ihrer Tochter, Rosenkrieg mit ihrem Mann, Probleme mit Orangenhaut, Differenzen mit der Kirchenleitung, dem Börsenverein und der Rentenversicherung.«

Brenner lächelte. »Die Frau war immer froh, wenn ihr mal jemand zugehört hat. Ich kenne das. Unter einer Stunde kam ich nie aus dem Laden raus.«

Der Autor krempelte die Ärmel seines Sakkos hoch. »Weil ich Hunger hatte, habe ich alle Nüsse gegessen, die in einer Kristallschale auf dem Wohnzimmertisch standen. Als ich die letzte Nuss im Mund hatte, sagte sie, dass sie froh sei, dass es mir schmecke. Sie würde immer nur die Schokolade drum herum essen.«

Brenner dachte einen Moment nach, dann verzog er angewidert das Gesicht. »Oha!«

Der Autor holte tief Luft. »Den Tütenwein hat Frau Engermann allein ausgetrunken. Er muss ihre Libido angeregt haben, denn sie setzte sich zu mir auf die Couch und fummelte an meinem Knie herum. Ich habe mich fluchtartig ins Kinderzimmer zurückgezogen, das allerdings nicht abzuschließen war. Deshalb habe ich den Kleiderschrank vor die Tür geschoben. Nach einer Weile hat sie die Versuche, ins Zimmer zu gelangen, abgebrochen, sich an die Hammondorgel gesetzt und gespielt. Ich habe prinzipiell nichts gegen Kirchenmusik, aber Frau Engermann war Anfängerin. Ich glaube, es war fünf Uhr, als es endlich ruhig wurde.«

»Das war eine kurze Nacht für Sie«, sagte Brenner mitfühlend.

»Ja, denn um sieben klopfte sie an die Tür und rief, dass es Zeit fürs Frühstück sei. Das musste ich mir dann selbst zubereiten.«

»Was so ungewöhnlich nicht ist«, meinte Brenner.

»Mit einer Getreidemühle«, fuhr der Beschuldigte fort. »Ich konnte zwischen Weizen, Dinkel und Roggen wählen. Dazu gab es fettarmen Joghurt und Malzkaffee!«

»Malzkaffee«, entfuhr es Brenner, der morgens mindestens eine halbe Kanne Bohnenkaffee trinken musste, bevor er ein Wort herausbringen konnte.

»Im Hintergrund lief WDR 4!«

»Wie schrecklich!« Der Hauptkommissar hielt

das Singen deutscher Schlager für einen eindeutigen Verstoß gegen die Haager Landkriegskonvention. Er war nahe dran, tröstend seine Hand auf den Oberarm seines Gegenübers zu legen. »Wie haben Sie das alles nur aushalten können?«

Der Autor winkte ab. »Sie glauben nicht, was ich vor und nach den Lesungen alles erlebe. Man bekommt eine dicke Haut. Ich wollte nur noch mein Honorar kassieren und dann mit dem nächsten Zug verschwinden.«

Brenner nickte. »Das kann ich verstehen. Wieso ist es nicht dazu gekommen?«

Der Autor strich sich Haare hinter das Ohr. »Frau Engermann ging mit mir in die Buchhandlung. Ich dachte, dass sie mir dort das Geld geben wollte, aber zunächst musste ich die Stühle zurück auf den Dachboden schleppen. Als ich fertig war, schenkte sie mir einen Stapel Bücher. Auf den ersten Blick war zu erkennen, dass es sich um kostenlose Leseexemplare und Mängelware handelte.«

»Immerhin eine nette Geste«, unterbrach der Hauptkommissar.

»Damit kann ich meine Miete aber nicht bezahlen.«

Brenner runzelte die Stirn. »Die Bücher sollten das Honorar sein?«

Der Autor nickte. »Ich habe das natürlich abgelehnt. Frau Engermann meinte daraufhin, dass ich undankbar sei. Immerhin habe ich bei ihr schlafen können und sei köstlich bewirtet worden.«

Brenner schüttelte den Kopf. »Ich fasse es nicht!«

Der Autor hob den Zeigefinger der rechten Hand in die Höhe. »Es kam noch schlimmer!«

Der Zeigefinger des Autors schnellte vor und landete auf dem Foto mit der Dalí-Bibel. »Sie nahm die Bibel und zitierte mit einem süffisanten Lächeln. ›Seid allezeit fröhlich, betet ohne Unterlass, seid dankbar in allen Dingen.‹«

Brenner beugte sich vor. »Ich hätte die Frau erschlagen!«

Der Autor wies mit dem Zeigefinger auf den Hauptkommissar, nickte und schwieg.

Das tat auch Brenner.

Minuten schlichen vorbei wie Stürmer des VfL Bochum.

Dann räusperte sich der Autor. »Was passiert jetzt weiter mit mir?«

Brenner massierte seine Stirn.

»Ich werde mit dem Staatsanwalt reden. Für mich ist das ein klarer Fall von Notwehr, ausgelöst durch körperliche und seelische Grausamkeit.«

Er schaltete das Bandgerät ab.

»Sie können gehen!«

Der Autor nickte und reichte Brenner zum Abschied die Hand.

Nachdem sich die Tür zum Vernehmungsraum geschlossen hatte, bemerkte Brenner, dass auf seiner Hand erneut die beiden Fliegen vögelten. Sie konnten offenbar nicht genug kriegen. Vielleicht sind es Eintagsfliegen, dachte Brenner und klappte die Akte zu.

BIELEFELD & HARTLIEB

Herodots wilde Reisen

Es war einer ihrer seltenen freien Abende gewesen, und Andrea hatte sie dazu überredet, eine Lesung des Jungstars in einer großen Wiener Buchhandlung zu besuchen: Xaver Pucher sollte aus seinem neuen Buch *Herodots wilde Reisen* lesen. Es hatte schon so viel lobhudelnde Kritik über das Buch des jungen Autors gegeben, dass ihr schon ganz die Lust vergangen war, es zu lesen, obwohl es seit drei Wochen auf ihrem Nachttisch lag. Als sie es kurz nach Erscheinen in ihrer Stammbuchhandlung erstanden hatte, hatte die Buchhändlerin gelacht. »Na, da bin ich ja mal gespannt.«

Sie hatten einen sehr ähnlichen Buchgeschmack, und Anna hielt sich meist an die Empfehlungen des Teams des kleinen Ladens in ihrem Wohnviertel.

»Wieso, ist es nicht gut?«

»Na ja, gut ist es schon. Irgendwie zu gut. Fast ein wenig zu perfekt. Ich hätte es Ihnen jedenfalls nicht empfohlen, aber ich freue mich schon, mich mit Ihnen darüber zu unterhalten.«

Und dann lag das Ding wie Blei zu Hause, sie hatte die Plastikfolie abgemacht und mit angehaltenem Atem die erste Seite gelesen – sie liebte dieses Gefühl, ein neues Buch aufzuschlagen –, doch irgendetwas hatte sie dann abgelenkt, und seitdem war sie nicht weitergekommen.

Vielleicht war es gar keine schlechte Idee, die Lesung zu besuchen, das würde sie bestimmt zur Lektüre animieren, hatte Anna nach dem Anruf von Andrea gedacht.

Andrea war dann wie so oft zu spät gekommen. Sie hatten gerade noch Zeit gehabt, einen schnellen Kaffee gemeinsam zu trinken, dann rannten sie die Wollzeile hoch zur Buchhandlung. Wie immer bei solchen Veranstaltungen bestand das Publikum hauptsächlich aus Frauen mittleren Alters, die bereits eifrig die vorderen Reihen besetzt hielten.

Wenige Männer verteilten sich im Raum, ganz hinten standen drei farblose Schnauzbärte, uninteressiert und dennoch aufmerksam, eindeutig Kollegen von der Staatspolizei.

Anna war etwas irritiert, widerstand aber dem Impuls, mit ihnen zu sprechen. Die drei kannten sie entweder nicht oder versuchten, sie erfolgreich zu ignorieren.

Nachdem Andrea die anwesenden Buchhändler und Verlagsleute begrüßt hatte, setzten sie sich an den Rand und warteten auf den Auftritt des jungen Autors. Eine etwas langweilige Verlagsmitarbeiterin hielt eine kurze Einleitung, sie sprach vom magischen Moment, wenn man als Lektorin ein Manuskript in den Händen hält, die ersten Seiten liest und den Atem anhält. Da kann Herr Pucher ja froh sein, dass nicht ich seine Lektorin war, dachte Anna und betrachtete den blassen jungen Mann, der nervös in seinem Buch blätterte und die Augen immer nur kurz auf sein Publikum richtete. Doch als er zu lesen begann, war seine Stimme überraschend fest, routiniert trug er ein paar perfekt zusammengestellte Passagen vor, die Artikulation ein wenig übertrieben, wie ein Burgtheaterschauspieler, der seine Rolle etwas zu gut auswendig gelernt hatte. Gar nicht schlecht. Doch den langanhaltenden Applaus, der einsetzte, nachdem Xaver Pucher sein Publikum mit einem Augenaufschlag und einem gehauchten »Danke« bedacht hatte, fand Anna dann doch etwas übertrieben. Als sich im Anschluss an die Lesung vor dem Tisch des Autors eine lange Schlange bildete – ausschließlich Leserinnen, die ihre Bücher signiert haben wollten –, zog Andrea sie am Ärmel: »Komm, wir gehen noch ins Büro ein Glas Wein trinken, dann kannst du noch ein wenig mit dem Autor plaudern.«

Da stürmte auch schon der sogenannte Eventmanager auf sie zu, begrüßte Andrea mit Küsschen links, Küsschen rechts, während er bei Anna einen Handkuss andeutete.

»Küss die Hand, Frau Inspektor, das freut mich aber, dass Sie sich auch mal wieder zu uns verirren, da hätten wir uns Ihre Kollegen vom Staatsschutz ja sparen können.«

»Grüß Sie, Herr Herzog, ja, ich hab mich auch schon gewundert über dieses Literaturinteresse der Kollegen da draußen, so wichtig ist Herr Pucher doch wohl noch nicht?«

»Wir wollten das nicht an die große Glocke hängen, aber wir haben eine Drohung erhalten.« Herzogs Augen glänzten vor Freude, mit so einer Sensation aufwarten zu können.

»Eine Drohung? Von wem? Von einem eifersüchtigen Schriftstellerkollegen? Vom Autorenverband, mit dem es sich der Pucher verscherzt hat, oder gar vom Grünanger Verlag, den er so schmählich im Stich gelassen hat?« Andrea machte sich sichtlich lustig über Herzogs geheimnisvolle Wichtigtuerei.

»Na, die Damen haben wohl beide den Roman nicht gelesen. Da gibt's ein paar Stellen, die finden unsere islamischen Brüder nicht gut. Sie fühlen sich mal wieder in ihrer Würde verletzt. – Ah, Herr Pucher, wunderbar, ganz toll, die Leute sind hingerissen! Wollen Sie ein Glas Wein?«

Xaver Pucher war vom Geschäftsführer ins Büro geleitet worden, er schwitzte stark und sah deutlich älter aus als auf den Pressefotos des Verlags.

»Darf ich Sie bekannt machen: Andrea Ringhofer, Vertreterin Ihres größten Konkurrenzverlages – und Anna Habel, sie ist Chefinspektor bei der Kriminalpolizei, Mordkommission, aber sehr belesen.«

Xaver Pucher reichte ihr förmlich die Hand, deutete eine kleine Verbeugung an. »Ist das nicht eine ungewöhnliche Kombination, eine literaturinteressierte Polizistin?«

»Vorurteile, Herr Pucher? Glauben Sie mir, bei der Polizei gibt's ein paar Kollegen, die lesen mehr als die *Kronen Zeitung*.«

»Ich wollte Sie nicht beleidigen, entschuldigen Sie bitte. Ich hatte nur noch nie persönlich mit einer Kriminalkommissarin zu tun. Darf ich Ihnen ein Buch signieren, Frau Chefinspektor?«

»Frau Habel reicht völlig, und wollen wir hoffen, dass wir beruflich nichts miteinander zu tun bekommen. Und wegen des Buches: Ich habe mein Exemplar leider zu Hause vergessen und würde mir nur ungern ein zweites kaufen.«

Xaver Pucher war sichtlich irritiert, und Herzog rettete die Situation, indem er ein Buch vom Stapel nahm. Mit einer raschen Bewegung riss er die Folie auf und reichte es dem Autor.

»Darf ich Sie bitten, etwas für unsere Kriminalkommissarin reinzuschreiben, es ist mir ein Vergnügen, Ihnen dieses Buch zu verehren, Frau Habel.«

Nun war Anna das Ganze ein wenig peinlich, und als Pucher einen eleganten Füller aus der Brusttasche seines Sakkos holte, hoffte sie, dass er einfach nur rasch Datum und Unterschrift ins Buch schreiben würde und sie sich dann irgendwo im hinteren Teil des Raumes in Sicherheit bringen konnte. Pucher grinste süffisant, malte mehr, als dass er schrieb, pustete ein wenig affektiert über das Geschriebene und reichte es Anna.

»Viel Spaß damit, und ich freue mich auch über Kritik!«

Na, ich weiß nicht, dachte Anna und steckte das Buch rasch in ihre Umhängetasche.

Kolonja, der bis jetzt aufmerksam zugehört hatte, unterbrach Anna in ihrer Schilderung.

»Was du an solchen Veranstaltungen findest, wird mir immer ein Rätsel bleiben. Da schau ich mir doch lieber den neuen James Bond dreimal an, bevor ich mir von so einem Burschi was vorlesen lasse.«

»Na ja, das eine schließt das andere ja nicht aus, wobei mir James Bond schon beim ersten Mal zu fad ist.«

»Ich bin eben ein schlichteres Gemüt als du. Aber jetzt erzähl mal, wie wirkte er denn so, dieser Schreiberling?«

»Na ja, nicht sehr souverän. Irgendwie nervös, längst nicht so lässig wie auf den Fotos der Prospekte. Und die zwei Gläser Rotwein hat er auch in kürzester Zeit hinuntergestürzt.«

Obwohl Anna es gar nicht liebte, mit Andreas »Freunden« über Literatur zu diskutieren, hatte sie sich dazu breitschlagen lassen, noch auf ein Glas Wein mitzukommen. Als sich die Gruppe um die reservierten Tische zwängte, versuchte sie, am Rand zu bleiben, damit sie sich zu einem günstigen Zeitpunkt schneller verdrücken könnte. Anna fühlte sich in diesen Kreisen immer zu wenig belesen, zu wenig intellektuell.

Obwohl sie Bücher verschlang, seit sie denken konnte, vermochte sie es nicht, auf so eine Weise über Bücher zu reden. Bei ihr gab es zwei Kategorien: Gefällt mir – gefällt mir nicht. Und warum das mal so und mal anders war, konnte sie meist nicht so recht erklären.

Gerade als sie sich rausschleichen wollte, trat ein großer, kräftiger Mann in den Raum und wurde von den Anwesenden mit großem Hallo begrüßt. Xaver Pucher sprang auf, wobei er fast sein Weinglas umstieß, und umarmte den Neuankömmling, der fast einen Kopf größer war.

»Simon, wie schön, dass du kommen konntest! Hol dir was zu trinken, setz dich zu uns!«

»Hi, sorry, ging nicht früher, wie war die Lesung?«

»Großartig! Fulminant!« Herzog winkte aufgeregt einem Kellner. »Wir brauchen noch einen Stuhl!«

»Und ein Bier, ein großes!«

Alle am Tisch schienen den Mann zu kennen, nur Anna war ihm noch nie begegnet. Und prompt wurde der Stuhl neben sie gestellt, und der massige Mann ließ sich darauf fallen.

Pucher stellte sich hinter ihn, legte die Hände vertraulich auf seine Schultern.

»Darf ich vorstellen: Anna Habel, Kriminalpolizei, Mordkommission. Simon Kupfer, ein sehr geschätzter Kollege und langjähriger Freund.«

»Wow, Mordkommission!«

Anna lächelte ihm zu.

»Das hört sich interessanter an, als es in der Realität meist ist.«

Jetzt fiel es ihr ein: Simon Kupfer war natürlich auch Schriftsteller, eine Liga unter Pucher, aber auch er nicht unbekannt. Der Abend verlief in einer entspannten Plauderei, Kupfer ließ sie gar nicht mehr aus seinen Fängen, wollte alles wissen über ihren Job, und Anna kam nicht umhin zuzugeben, dass sie es genoss, einmal im Mittelpunkt zu stehen.

Ein Klopfen schreckte sie aus ihren Erinnerungen, und herein trat Susanne Schellander, eine weiße Papiertüte in der Hand, die sie auf Kolonjas leeren Schreibtisch legte.

»Bitte, Frau Habel, hier ist das Buch, die Quittung gebe ich gleich in die Buchhaltung.«

»Danke, Frau Schellander, und bitte machen Sie die Tür zu.«

»Und was steht denn nun drinnen in dem Buch, dass die Moslems sich so aufregen müssen?«

Kolonja packte das Buch aus und blätterte es einmal in Windeseile durch.

»Lies erst mal die Widmung.«

»Für L. Mein Leben, meine Liebe. Ohne sie würde es dieses Buch nicht geben.« Der Kollege las laut vor und runzelte die Stirn.

»Lara, Laura, Larissa, Lisbeth. Ui, da gibt's viele.«

»In seinem Handy-Adressbuch steht nur eine Frau mit L. Nämlich Leyla.«

»Ja! Arabisch! Genial. Da hamma's schon! Aber was steht denn nun drinnen im Buch, was ist so schlimm daran?«

Anna versuchte, ihrem Kollegen den Inhalt kurz und prägnant wiederzugeben. Sie erinnerte sich, dass sie sich, als sie spät am Abend von der Lesung nach Hause kam, zuerst hatte zwingen müssen, die ersten Seiten zu lesen, doch bald hatte sie sich einer gewissen Faszination nicht entziehen können. Schreiben konnte er, keine Frage, auch wenn sie nicht sicher war, ob sie das, was er erzählte, wirklich interessierte.

Die Geschichte eines jungen Mannes, der sich an die denkbar gefährlichsten Orte begab, nach Bagdad, Teheran, Medellin, Kabul, und dort über die ersten und letzten Dinge des Lebens philosophierte. Dabei missbilligte er aber keineswegs die Freuden des Alltags. In Kabul wollte er es mit einer Frau getrieben haben, die immer von einer blauen Burka umhüllt gewesen sei. Nie habe er ihr Gesicht gesehen, aber an ihr Geschlecht könne er sich ganz genau erinnern. Irgendwie ärgerlich, was da stand: Der Typ war begabt, keine Frage, aber dieses Dandy-Getue, dieses etwas Schwülstige, das auf den Skandal spekulierte, das war doch ziemlich unsympathisch. Und doch konnte sie nicht abstreiten, dass sie die Szene erotisch fand. Sie erinnerte sich an einen weit zurückliegenden Algerienurlaub, als sie – verhüllt mit einem langen roten Rock und einer weiten Bluse – durch die Altstadt gelaufen war und sich zwischen ihr und ihrem algerischen Begleiter eine immer größere Spannung entwickelte, die sich, leider nur in ihrer Phantasie, in einer leidenschaftlichen Nacht entlud.

Eigentlich hatte Anna nur das erste Kapitel lesen wollen, doch als sie das nächste Mal auf die Uhr sah, war es weit nach eins, und sie war fast bis zur Hälfte des Buches gelangt.

Anna war auch jetzt noch nicht sicher, ob sie *Herodots wilde Reisen* wirklich gut fand, ein wenig zu geschwätzig, zu gewollt, zu perfekt recherchiert. Aber irgendwie doch fesselnd und zu ihrem Ärger auch nicht unerotisch. Obwohl sie den Inhalt so knapp und objektiv wie möglich zu erzählen versuchte, wurden Kolonjas Augen immer größer, und sie meinte, eine gewisse Röte in seinem Gesicht zu erkennen.

»Na, vielleicht sollte ich das doch auch mal lesen.«

»Wenn wir den Fall gelöst haben, kannst du dieses Exemplar hier behalten, meines leihe ich dir nicht, denn jetzt, wo er tot ist, ist ein signiertes Exemplar sicher bald was wert.«

»Mensch, Anna, du bist vielleicht pietätlos.«

»Nein, bin ich nicht. Ich weiß nur, wie das läuft in der österreichischen Kultur. Je toter, desto wertvoller.«

MARTIN SUTER

In der Provinz

Markheim lag nicht an einer der großen Bahnlinien. David musste dreimal umsteigen, verpasste den Regionalexpress und durfte fünfundvierzig Minuten auf den nächsten warten.

Am Bahnhof hätte ihn Frau Bügler von der Buchhandlung abholen sollen. »Sie müssen nicht nach mir Ausschau halten, ich kenne Sie vom Foto«, hatte sie versichert. Aber als sich der Bahnsteig geleert hatte, blieb David allein zurück.

Er nahm sein Handy und wählte Maries Nummer, wie er es seit seiner Abfahrt immer wieder getan hatte. Ihr Beantworter meldete sich. »Jetzt bin ich endlich in diesem beschissenen Markheim, und kein Mensch holt mich ab. Ruf mich an, du fehlst mir«, lautete seine Nachricht.

Er schulterte seine Reisetasche und ging die Treppe hinunter zur Halle des kleinen Bahnhofs. Ein Kiosk, eine Imbissbude, zwei Bahnschalter, ein Laden mit leeren Schaufenstern und der Aufschrift »Zu vermieten!«.

Auf einer Bank saß ein Mann in einem schmutzigen Regenmantel mit einem großen Hund. Neben ihm standen ein paar leere Bierflaschen. Auf einer andern Bank saßen zwei übergewichtige Jugendliche. Jeder aß vornübergebeugt eine triefende Pizza.

David ging durch den Ausgang. Vor dem Bahnhof stand ein Taxi. Der Fahrer lehnte an der Wagentür und las Zeitung. Er blickte kurz auf, als David herauskam, und las weiter. Niemand auf dem Bahnhofsplatz sah aus wie eine Buchhändlerin, die auf einen Autor wartete.

Er setzte sich auf eine Bank und kramte in der Tasche nach dem Reiseplan, den ihm Karin Kohler geschickt hatte. Sie hatte seine Weigerung, diese Lesereise anzutreten, einfach ignoriert. Und er hatte nachgegeben. Vor allem wegen Marie. Er hatte das Gefühl, sie betrachte seine literarische Karriere als ihr Verdienst und seinen Mangel an Enthusiasmus als Undankbarkeit oder Arroganz oder, was er am schlimmsten fände, fehlende Liebe.

Die mäßige Resonanz auf das Erscheinen von *Lila, Lila* hatte ihn ermutigt. Außer dem kleinen Bericht in der Gratiszeitung war im Lokalteil einer der großen Tageszeitungen der Stadt eine kurze Meldung mit einer Besprechung erschienen, die fast wörtlich den Klappentext wiedergab. Einzig den Satz mit dem »vielleicht vielversprechendsten Nachwuchsschriftsteller des Landes« hatte man gnädig weggelassen.

Vielleicht lief alles glimpflich ab. *Lila, Lila* würde in den vielen Neuerscheinungen untergehen und nach ein paar Wochen wieder so vergessen sein wie in den letzten fünfzig Jahren. Nur Marie und er würden noch ab und zu an die Geschichte denken, weil sie ihr ihre Liebe zu verdanken hatten. Und irgendwann, in ferner, gemeinsamer Zukunft, würde er ihr die Wahrheit über *Lila, Lila* gestehen. Und sie würden beide herzlich darüber lachen.

Eine Lesereise unter Ausschluss der Öffentlichkeit schien ihm ein kalkulierbares Risiko. Denn so wenig er Lust hatte, auf Lesereise zu gehen, so sehr würde es ihm gefallen, wenn es im Esquina hieß, David Kern bediene dieser Tage nicht, er sei auf Lesereise.

Auch dass die Tour auf ihrer ersten Etappe bereits mit einer Panne begann, hielt er für ein gutes Omen. Je erfolgloser er war, desto größer die Chance, dass die Sache im Sand verlief.

Er fand die Nummer der Buchhandlung »Bücherwelt«. Eine Frauenstimme meldete sich: »Buchhandlung ›Bücherwelt‹, Kolb?«

»Herr Kern?«, fragte eine andere Frauenstimme, nicht über das Telefon. David blickte auf. Vor ihm stand eine vierschrötige Blondine in einem altmodischen Sommerkleid.

David nickte. »Ich glaube, ich habe sie gefunden«, sagte er ins Telefon und legte auf.

»Ich habe Sie mir viel kleiner vorgestellt«, erklärte sie, als sie ihm die Hand schüttelte. »Ich habe Sie auf dem Bahnsteig gesehen, aber weil Sie so groß waren, habe ich nicht auf Ihr Gesicht geachtet. Erst jetzt, als Sie saßen, habe ich Sie erkannt. Ich schlage vor, ich bringe Sie zuerst ins Hotel.«

Sie fuhren in einem Subaru voller weißer Hundehaare zum Hotel Hermann. »Das Lieblingshotel unserer Autoren«, nannte es Frau Bügler.

Davids Zimmer befand sich unter dem Dach. Vom Mansardenfenster aus sah er ein paar Fassaden und Dächer und ein kleines Stück des diesigen Sommerhimmels. Eine ähnliche Aussicht wie bei ihm zu Hause.

Und noch etwas erinnerte ihn an seine Wohnung: Bad und Toilette befanden sich auf dem Gang.

Als er pünktlich um sieben in die kleine mit Kupfergegenständen vollgestopfte Empfangshalle trat, wartete Frau Bügler bereits. »Ist das Zimmer in Ordnung?«, war ihre erste Frage.

»Sehr schön«, antwortete er.

Sie gingen zu Fuß zur Buchhandlung. So bekomme er noch etwas von Markheim zu sehen, fand Frau Bügler. Sie führte ihn durch ein verwirrendes System von Nebenfußgängerzonen in eine Hauptfußgängerzone und von dort aus in eine Seitenfußgängerzone zur Buchhandlung »Bücherwelt«. Unterwegs beklagte sie sich über das Wetter. »Wenn es einmal Sommer ist, dann ausgerechnet an einem Abend, an dem ich eine Lesung habe.« Als sie den Laden erreichten, sagte sie: »Ich hoffe, es hat sich in der Zwischenzeit etwas gefüllt.«

David erschrak. Am Schaufenster neben dem Ladeneingang hing ein Plakat. Es zeigte sein Autorenfoto vom Buchumschlag, wohl mit einem Kopierer vergrößert. Darüber stand in handgemalten Buchstaben, jeder in einer andern Farbe: »Heute Lesung!!!!« Darunter: »David Kern liest aus *Lila, Lila*. Beginn 19 Uhr 30. Eintritt frei.«

Als sie die Buchhandlung betraten, war eine Frau, die sich später als »ich bin Frau Kolb, wir haben telefoniert« vorstellte, dabei, eine Reihe Klappstühle wegzuräumen. Ein Mann, den sie bei gleicher Gelegenheit als »und das ist Karl, mein Mann« vorstellte, half ihr dabei. Frau Bügler führte David in ein Nebenzimmer. Im Vorbeigehen sah er ein verstellbares Lesepult mit einem Glas Wasser und einer Leselampe. Die Sitzreihen waren leer bis auf zwei alte Damen in der ersten Reihe.

»Einige der schönsten Lesungen hatten wir im

ganz intimen Rahmen«, sagte Frau Bügler, als sie die Tür zum kleinen Raum schloss, der als Büro, Lager, Pausenraum und Personalgarderobe diente. »Deswegen reduzieren wir die Bestuhlung, wenn der Andrang nicht so groß ist.«

»Verstehe«, sagte David.

Nach einem Moment der Stille lächelte er ihr aufmunternd zu. Das war zu viel für sie.

»Die Markheimer sind ein Pack«, brach es aus ihr heraus, »das ganze Jahr beklagen sie sich, hier sei nichts los, und wenn man einmal etwas auf die Beine stellt, grillen sie lieber Würstchen im Garten!«

David konnte die Markheimer verstehen. Wenn »etwas auf die Beine stellen« eine Lesung von ihm bedeutete, würde er auch lieber Würstchen braten. »Mir macht es nichts aus, vor wenig Publikum zu lesen«, tröstete er sie.

Aber ein bisschen mehr Publikum hätte es dann doch sein dürfen. Außer den zwei alten Damen befanden sich gerade noch Frau Kolb und ihr Mann, zwei junge Mädchen, die David im Verdacht hatte, Mitarbeiterinnen zu sein, ein junger Mann, der sich benahm wie der Freund der einen, und ein intellektuell wirkendes reiferes Ehepaar im Raum.

David stellte sich ans Lesepult. Es reichte ihm knapp über den Schritt, Frau Bügler hatte es auf die Größe des kleineren Mannes eingestellt, den sie erwartet hatte. Er schaute sie hilfesuchend an.

Aber von Frau Bügler war keine Hilfe zu erwarten. Ihr passierte gerade das, wovor David sich am meisten fürchtete: Sie hielt ein Blatt in der Hand, auf das sie »ihre kurze Einführung, keine Angst, ich rede nicht lange« notiert hatte, und brachte keinen Ton heraus.

David sah von der Seite, dass auf ihrer Oberlippe winzige Schweißperlen standen. Sie hatte den Mund halb geöffnet und starrte auf das Blatt. Dann wandte sie sich zu ihm und wies mit der freien Hand pathetisch auf ihn, wie ein Conférencier. Aber noch immer kam kein Ton.

Sollte er die Situation retten, indem er einfach zu lesen anfing? Er schlug das Buch an der ersten Stelle auf und merkte, dass auch er keinen Ton herausbringen würde.

»Ich habe ja sonst nicht so nahe am Wasser gebaut, aber die Stelle, wo Lila mit ihrer Freundin einfach an Peter vorbeigeht, ohne ihn eines Blickes zu würdigen – ich hätte losheulen können.« Die intellektuelle Ehefrau schaute ihren Mann an, bis dieser nickte. »Ich habe Gudrun noch selten mit feuchten Augen ein Buch lesen sehen. Ich wollte es erst gar nicht lesen. Ich mag keine traurigen Geschichten.«

Gudrun übernahm: »Aber ich habe ihm gesagt, es ist zwar traurig, aber es ist auch schön. Traurig, aber schön.«

»Traurig, aber schön«, bestätigte auch Frau Kolb. Ihr Mann hatte es noch nicht gelesen, wollte es aber noch am gleichen Abend anfangen.

Sie saßen im Tiefen Keller, dem Lieblingslokal von Frau Büglers Autoren, tranken etwas Wein und aßen eine Kleinigkeit. Frau Bügler hatte eine Kellerplatte für sechs bestellt, »mehr schafft man nicht zu zehnt«. Die Kellerplatte stellte sich als gemischter Aufschnitt mit etwas Geräuchertem heraus. Gerade richtig für sechs Personen, fand David, der noch nichts gegessen hatte.

Das Publikum von Davids Lesung war fast vollzählig am langen Tisch im verrauchten Kellergewölbe versammelt. Nur die beiden alten Damen aus der vordersten Reihe fehlten. Zwei ledige Schwestern, die keine Lesung ausließen, hatte Frau Bügler erklärt. Sie hatten zu Beginn des Abends für etwas Heiterkeit gesorgt, als die Schwerhörigere der beiden die andere anbrüllte: »Ich versteh wieder kein Wort!«, und ihre Schwester zurückschrie: »Er sagt auch kein Wort!«

Der Dialog hatte Davids Zunge aus ihrer Erstarrung gelöst, und er las, wie er fand, ganz leidlich. Jedenfalls umschiffte er die Klippen Spitzenhäubchen, Tortenmanschette und Rendezvous ohne Zwischenfälle.

Frau Bügler gestand David, dass es ihr öfter passierte, dass sie bei der Einführung kein Wort herausbrachte. Seit bald fünfzehn Jahren veranstalte sie Lesungen, aber das Lampenfieber werde immer schlimmer.

David wünschte sich, sie hätte das für sich behalten. Er wünschte sich auch noch andere Dinge. Zum Beispiel, dass die intellektuelle Ehefrau aufhörte, ihm *Lila, Lila* zu erklären. Oder dass jemand Frau Kolb sagte, dass sie ein Stück Ei am Mundwinkel hatte. Oder dass die pummelige Auszubildende ohne Freund aufhörte, ihn wie ein seltenes Insekt anzustarren. Oder dass der intellektuelle Ehemann – er war Lehrer an der Markheimer Berufsschule – sich nicht auch noch die letzte der sechs Scheiben Geräuchertes schnappte. Oder dass Frau Bügler kein Gästebuch mitgebracht hätte.

Auf der Doppelseite vor jener, die für David reserviert war, klebte ein Zeitungsausschnitt. Ein längerer Artikel unter der Schlagzeile »Volles Haus für Georg Rellmann«. Das Bild war das Porträt eines grauhaarigen Pfeifenrauchers in nachdenklicher Pose. Die Bildlegende lautete: »Mit Erinnerungen aus einem erfüllten Schauspielerleben für Ernstes und Heiteres gesorgt – G. Rellmann.« Der Artikel begann mit dem Satz: »Die genaue Zahl der Besucher, die sich an diesem herrlichen Juliabend in der Markheimer Buchhandlung Bücherwelt drängten, wollte Inhaberin K. Bügler aus feuerpolizeilichen Gründen nicht verraten …«

Gegenüber dem Zeitungsausschnitt hatte der Autor mit schwungvoller Handschrift geschrieben: »Ach, hätte ich doch als Schauspieler immer ein solches Publikum gehabt wie als Schriftsteller in Markheim! Danke, danke! Georg Rellmann.«

Verzweifelt suchte David unter den Blicken der Runde nach einer Idee. Der intellektuelle Ehemann nahm sich das letzte Stück Geräuchertes mit dem Satz: »Wenn das keine Abnehmer findet …« Als ihm David einen Blick zuwarf, grinste er: »Nicht mich anschauen, Sie sind der Schriftsteller.«

Frau Bügler versuchte zu helfen: »Es muss ja nichts Literarisches sein, einfach, was Ihnen gerade so einfällt.«

David schrieb: »Zur Erinnerung an eine unvergessliche Lesung. Herzlich David Kern.«

Die intellektuelle Ehefrau – sie hatte etwas mit Pädagogik zu tun, David hatte nicht verstanden, was – schaute ihm dabei über die Schulter und sagte: »Schöner Gedanke, ›erinnern an etwas Unvergessliches‹. Sehr subtil.«

Um elf Uhr war David wieder beim Hotel. Man

hatte ihm einen Hausschlüssel mitgegeben, für den Fall, dass er nach zweiundzwanzig Uhr zurückkam.

Er betrat die dunkle Vorhalle und machte Licht. Es roch nach dem vollen Aschenbecher, der bei der Rezeption stand. Der Weg zur Treppe führte durch den Frühstücksraum. Die Tische waren gedeckt und das Büffet halb vorbereitet. Zwei Glaskrüge mit Säften standen neben einer Käseplatte, die mit Frischhaltefolie zugedeckt war.

Er ging die vier Treppen hinauf in sein Zimmer und setzte sich auf das schmale, kurze Bett, die einzige Sitzgelegenheit.

Jetzt noch Bornstadt, Staufersburg, Plandorf und Mitthausen, dann konnte er Marie wieder in die Arme schließen.

JÖRN BIRKHOLZ

Derangiert I

Mein Roman wurde veröffentlicht. Es gibt über hunderttausend Bucherscheinungen im Jahr. Da wird selbst mir klar, dass ich nicht der Einzige bin, der sich zum Schreiben berufen fühlt. Wenn mein Buch nicht in der Versenkung verschwinden soll, muss ich etwas tun. Weil die Zeitungsredaktionen ähnlich heftig mit Zusendungen zugemauert werden wie die Verlage, versuche ich es an der Basis – bei den Buchhändlern.

(Stuttgart:)

»Buchholz, guten Tag, ich wollte Sie nur kurz auf meinen Roman aufmerksam machen.«

»Wer ist da?«

»Mein Name ist Buchholz!«

»Grüß Gott, Herr Bugol, was kann ich für Sie tun?«

»Ja, grüß Gott, ich wollte Sie nur kurz auf meinen Roman aufmerksam machen.«

»Ihren Roman?«

»Ja.«

»Wie heißt der denn?«

»*Derangiert.*«

»*Derangiert?* Hab ich noch nie von gehört.«

»Deshalb rufe ich ja an, also …«

»Wovon handelt ihr Roman denn?«

»Von Spätjugendlichen, die …«

»Von wem?«

»Von Spätjugendlichen, die sich …«

»Schon gut, egal, hat Ihr Roman denn eine ISBN?«

»Ja, natürlich.«

»Dann geben Sie mir die mal durch. Dann geb ich die gleich mal in meinen Computer ein.«

»Neun, sieben, acht, drei, vier, vier …«

»Halt, nicht so schnell! Also, neun … sieben … acht … drei … und wie weiter?«

»… vier, vier, acht, vier, eins, vier, sieben, zwei, zwei.«

»Also, bei mir kommt da nichts. Ist der denn bei den Großhändlern gelistet?«

»Soweit ich weiß, ja.«

»Also: neun, sieben, acht, drei, vier, vier, acht, vier, eins, sieben, zwei, drei.«

»Zweiundzwanzig.«

»Wie bitte?«

»Zweiundzwanzig am Ende.«

»Ach so, ich dachte schon, ich hätte da ’nen Zahlendreher drin. *(Tippt) Derangiert,* ja?«

»Ja.«

»O Gott, ist das ein furchtbares Cover! Was ist denn da vorne drauf, ein Taucher?«

»Nein, ein Astronaut.«

»Ein Astronaut? Ist das ein Science-Fiction-Roman?«

»Nein.«

(Kurze Pause.)

»Also, ich weiß nicht, ob ich das unbedingt haben muss. Das Cover sieht so schrecklich aus, das ist verkaufshemmend, wissen Sie das? Das sollten Sie Ihrem Verlag mal sagen.«

»Das Cover ist von mir.«

»Na, was hat Sie denn da bloß geritten?«

»Nichts.«

»Also gut, ich hab’s jetzt zur Kenntnis genommen und hab jetzt auch Kundschaft … also viel Glück Ihnen und ade.«

»Ade.«

GEORGE ORWELL

Erinnerungen an eine Buchhandlung

Als ich in einem Antiquariat arbeitete – das Leute, die nicht darin arbeiten müssen, so gern als eine Art Paradies schildern, in dem vornehme ältere Herren unermüdlich in alten, kalbsledergebundenen Folianten schmökern –, fiel mir am meisten auf, wie selten sich echte Büchernarren dort blicken ließen. Unser Laden besaß einen außergewöhnlich interessanten Bücherbestand, doch ich zweifle daran, ob auch nur zehn Prozent unserer Kunden ein gutes von einem schlechten Buch unterscheiden konnten. Snobs, die aus reinem Geltungsbedürfnis unbedingt Erstausgaben haben mussten, waren weit häufiger als Literaturliebhaber, noch häufiger allerdings kamen orientalische Studenten, die um billige Lehrbücher feilschten, und zu den häufigsten Kunden zählten unentschlossene Frauen, die Geburtstagsgeschenke für ihre Neffen suchten.

Die meisten der Leute, die zu uns kamen, gehörten zu der Sorte, die man überall als lästig empfinden würde, denen sich aber in einem Buchladen ein besonders günstiges Betätigungsfeld bietet. Da ist zum Beispiel die liebe alte Dame, die »ein Buch für einen Kranken« wünscht (ein sehr oft geäußerter Wunsch übrigens), oder die andere liebe alte Dame, die 1897 ein so wunderschönes Buch gelesen hat und nun gern wissen möchte, ob man hier ein Exemplar davon für sie finden könnte. Unglücklicherweise kann sie sich weder an den Titel noch an den Autor oder gar den Inhalt des Buches erinnern, weiß aber noch ganz genau, dass es einen roten Einband hatte. Doch außer diesen beiden Typen gibt es noch zwei wohlbekannte Landplagen, von denen jedes Antiquariat heimgesucht wird. Die eine ist jene abgetakelte, nach verschimmelten Brotkrusten riechende alte Vogelscheuche, die jeden Tag, manchmal sogar mehrmals am Tag, kommt und versucht, einem wertlose Bücher anzudrehen. Die andere ist jene Person, die enorme Mengen Bücher bestellt, die zu bezahlen sie nicht die geringste Absicht hegt. In unserem Laden verkauften wir nichts auf Kredit, legten aber Bücher zurück oder bestellten sie für Leute, die sie später abholen wollten. Kaum die Hälfte aller Leute, die Bücher bei uns bestellten, ließ sich je wieder blicken. Zuerst wunderte ich mich darüber. Was veranlasste sie wohl zu diesem Tun? Sie kamen herein, verlangten ein sehr seltenes und teures Buch, ließen uns ein ums andere Mal versprechen, es für sie zurückzulegen, um dann zu verschwinden und nicht wieder zurückzukehren. Doch viele von ihnen waren unmissverständlich Paranoiker. Sie redeten großsprecherisch von sich selbst und erzählten höchst erfindungsreiche Geschichten, wie es geschehen konnte, dass sie ohne Geld aus dem Haus gegangen seien – Geschichten, die sie in vielen Fällen zweifellos selbst glaubten. In einer Stadt wie London gibt es immer eine Menge nicht amtlich registrierter Geistesgestörter auf den Straßen, und diese werden gewöhnlich von Buchhandlungen magisch angezogen, denn eine Buchhandlung ist einer der wenigen Orte, an denen man lange Zeit herumlungern kann, ohne Geld auszugeben. Schließlich erkennt man diese Leute schon fast auf den ersten Blick. Bei all ihrem großen Gerede wirken sie irgendwie mottenzerfressen und ziellos. Sehr oft, wenn wir es mit einem offenkundigen Paranoiker zu tun hatten, legten wir die von ihm ausgesuchten Bücher vor seinen Augen beiseite und stellten sie gleich wieder an ihren Platz im Regal, sobald er den Laden verlassen hatte. Wie ich feststellen konnte, versuchte niemand von diesen Leuten, Bücher ohne Bezahlung mitzunehmen; sie einfach zu bestellen genügte schon – das gab ihnen vermutlich die Illusion, tatsächlich Geld auszugeben. Wie manche Buchantiquariate führten wir diverse Nebenartikel. Wir verkauften gebrauchte Schreibmaschinen zum Beispiel und Briefmarken – gestempelte Marken, meine ich. Briefmarkensammler sind ein eigenartiger, schweigsamer, fischähnlicher Schlag, der sich aus allen Altersgruppen zusammensetzt, aber nur männlichen Geschlechts ist; Frauen entgeht offensichtlich der besondere Reiz, den das Einkleben kleiner Stückchen bunten Papiers in Alben bereitet. Wir verkauften auch Sixpenny-Horoskope, die von jemandem zusammengestellt waren, der das Erdbeben in Japan vorausgesagt zu haben behauptete. Sie befanden sich in versiegelten Umschlägen, und ich machte nie einen davon für mich selbst auf; aber die Leute, die sie kauften, kamen oft wieder und erzählten uns, wie ›wahr‹ ihre Horoskope gewesen seien. (Zweifellos kann jedes Horoskop einen ›wahren‹ Eindruck machen, wenn es einem einredet, man übe eine gewaltige Anziehungskraft auf das andere Geschlecht aus und der schlimmste eigene Fehler sei Großzügigkeit.) Ein ganz gutes Geschäft machten wir auch mit Kinderbüchern, hauptsächlich ›Remittenden‹ und Restauflagen. Moderne Kinderbücher sind ziemlich scheußliche Sachen, besonders wenn man sie in Massen zu Gesicht bekommt. Für meine Person würde ich einem

Kind lieber ein Exemplar des *Satiricon* von Petronius Arbiter schenken als *Peter Pan*, doch selbst dessen Verfasser, James Matthew Barrie, kommt einem noch männlich und gesund vor, verglichen mit einigen seiner Epigonen. Zur Weihnachtszeit verbrachten wir hektische zehn Tage im Kampf mit Weihnachtskarten und Kalendern, die mühsam zu verkaufen sind, aber ein gutes Saisongeschäft bringen. Ich fand dabei den brutalen Zynismus interessant, mit dem christliche Empfindungen ausgebeutet werden. Die aufdringlichen Vertreter der Weihnachtskartenverlage pflegten schon im Juni mit ihren Musterbüchern aufzukreuzen. Ein Satz auf einer ihrer Rechnungen ist mir im Gedächtnis haften geblieben; er lautete: »2 Dtzd. Jesuskinder mit Kaninchen.«

Doch unser hauptsächliches Nebengeschäft stellte eine Leihbücherei dar – die übliche, hinterlegungsfreie *twopenny-library* mit fünf- bis sechshundert Bänden reiner Unterhaltungsliteratur. Wie die Bücherdiebe diese Leihbibliotheken wohl lieben müssen! Es ist das leichteste Verbrechen der Welt, in einem Laden ein Buch für zwei Pennies zu leihen, das Klebeschild zu entfernen und das Buch dann in einem anderen Laden für einen Shilling zu verkaufen. Dennoch finden die Inhaber solcher Buchhandlungen im Allgemeinen, dass es sich mehr für sie auszahlt, sich eine gewisse Anzahl Bücher stehlen zu lassen (wir verloren durchschnittlich rund ein Dutzend pro Monat), als die Kunden dadurch abzuschrecken, dass man ein Pfand von ihnen verlangte.

Unser Laden befand sich genau auf der Grenze zwischen Hampstead und Camden Town, und Leute jeden Schlages, von Baronets bis zu Buschauffeuren, besuchten uns. Wahrscheinlich stellte unsere Leihbüchereikundschaft einen angemessenen Durchschnitt der lesenden Londoner dar. Muss ich also noch sagen, wer der meistgelesene Autor unserer Leihbibliothek war – Priestley? Hemingway? Walpole? Wodehouse? Nein, es war Ethel M. Dell mit Warwick Deeping auf einem guten zweiten Platz und Jeffrey Farnol, glaube ich, auf dem dritten. Die Romane der Dell werden natürlich nur von Frauen gelesen, aber von Frauen aller Schichten und Altersgruppen und nicht, wie man meinen mochte, lediglich von schmachtenden alten Jungfern und den fetten Frauen von Tabakwarenhändlern. Es stimmt nicht, dass Männer keine Romane lesen, aber es ist wahr, dass es ganze Zweige der erzählenden Literatur gibt, die sie meiden. Ganz allgemein kann man sagen, dass der sogenannte Durchschnittsroman – der gewöhnliche, weder gute noch schlechte Galsworthy- und

Seeromantik-Stoff, der die Norm des englischen Romans darstellt – nur für Frauen zu existieren scheint. Männer lesen entweder die sogenannten angesehenen Romane oder Detektivgeschichten. Doch ihr Verbrauch an Detektivgeschichten ist kolossal. Einer unserer Ausleiher las meines Wissens über ein Jahr lang vier bis fünf Detektivromane pro Woche, und zwar neben denen, die er sich noch aus einer anderen Leihbücherei holte. Am meisten überraschte mich dabei, dass er niemals dasselbe Buch zweimal las. Anscheinend war diese ganze, gewaltige Flut (die jedes Jahr von ihm gelesenen Seiten würden, wie ich mir ausrechnete, so ungefähr dreiviertel Morgen Land bedecken) für immer in seinem Gedächtnis untergebracht. Er sah weder nach dem Titel noch nach dem Namen des Autors, sondern brauchte nur einen Blick in ein Buch zu werfen, um sagen zu können, ob er es schon gehabt hatte.

In einer Leihbibliothek bekommt man den wirklichen Geschmack der Leute zu sehen, nicht den vorgetäuschten; und was einem da besonders auffällt, ist, wie vollständig die klassischen englischen Romanciers in Ungnade gefallen sind.

Es ist einfach zwecklos, Dickens, Thackeray, Jane Austen, Trollope usw. in die normale Leihbibliothek zu stecken; niemand leiht sie aus. Beim bloßen Anblick eines Romans aus dem neunzehnten Jahrhundert sagen die Leute: »Oh, der ist aber alt!«, und schrecken sofort davor zurück. Dickens zu verkaufen ist dagegen immer noch ziemlich einfach, und das Gleiche trifft für Shakespeare zu. Dickens ist einer von jenen Autoren, den die Leute immer ›vorhaben zu lesen‹ und der, genau wie die Bibel, aus zweiter Hand weit bekannt ist. Die Leute wissen vom Hörensagen, dass Bill Sykes ein Einbrecher ist und dass Mr. Micawber eine Glatze hat, genau wie sie vom Hörensagen wissen, dass Moses in einem Binsenkorb gefunden wurde und den Herrn ›von hinten‹ gesehen hätte. Sehr bemerkenswert ist aber auch die wachsende Unbeliebtheit amerikanischer Bücher: oder – die Verleger raufen sich deswegen alle zwei oder drei Jahre die Haare aus – die Unbeliebtheit von Kurzgeschichten. Wenn jemand den Bibliothekar bittet, ein Buch für ihn auszusuchen, beginnt er sein Ansuchen fast stets mit den Worten: »Ich möchte aber keine Kurzgeschichten« oder »Ich wünsche keine kleinen Geschichten«, wie einer unserer deutschen Kunden das zu formulieren pflegte. Wenn man sie nach dem Grund für ihre Ablehnung fragt, erklären sie manchmal, dass es viel zu viel Mühe mache, sich mit jeder Geschichte an eine neue Garnitur handelnder Personen zu gewöhnen. Sie ›vertiefen‹

sich viel lieber in einen Roman, der nach dem ersten Kapitel kein weiteres Nachdenken mehr von ihnen verlangt. Ich glaube jedoch, dass die Verfasser mehr daran schuld sind als die Leser. Die meisten modernen Kurzgeschichten, die englischen wie die amerikanischen, sind völlig leblos und wertlos, weit mehr jedenfalls als die meisten Romane. Jene Kurzgeschichten, die wirklich etwas zu erzählen haben, sind beliebt genug, vide D. H. Lawrence, dessen Kurzgeschichten genauso beliebt sind wie seine Romane.

Ob ich ein Buchhändler *de métier* sein möchte? Alles in allem – trotz der mir entgegengebrachten Freundlichkeit meines Arbeitgebers und einiger glücklicher Tage, die ich in dem Laden verbracht habe – nein.

Mit einem guten Angebot und dem nötigen Kapital sollte jeder gebildete Mensch in der Lage sein, einen bescheidenen, aber sicheren Lebensunterhalt aus einer Buchhandlung zu ziehen. Wenn man sich nicht auf ›seltene‹ Bücher spezialisieren will, ist dieses Gewerbe nicht schwierig zu erlernen, und man hat schon zu Beginn einen großen Vorsprung, wenn man etwas vom inneren Wesen eines Buches versteht. (Die meisten Buchhändler haben keine Ahnung davon. Einen Maßstab für ihre Beurteilung vermittelt ein Blick in die Fachzeitungen, in denen sie ihren Bedarf inserieren. Wenn man da nicht eine Suchanzeige nach Beswells *Decline and Fall* findet, dann sicher eine nach *The Mill on the Floss* von T.S. Eliot.) Auch ist es ein menschliches Gewerbe, das man nicht unter eine gewisse Grenze herabwürdigen kann. Die Warenhäuser werden niemals dem kleinen, unabhängigen Buchhändler die Existenzgrundlage entziehen können, wie sie das schon zum Teil bei Kolonialwarenhändlern und dem Milchmann geschafft haben. Aber die Arbeitszeit ist sehr lang – ich war nur teilzeitbeschäftigt, doch mein Arbeitgeber hatte in der Regel eine Siebzigstundenwoche, wozu noch ständige Expeditionen außerhalb der Arbeitszeit zum Einkauf von Büchern kamen –, und das Leben ist ungesund. Gewöhnlich ist eine Buchhandlung im Winter schrecklich kalt, denn wenn es einigermaßen warm ist, beschlagen die Schaufenster, und ein Buchhändler lebt von seinen Schaufensterauslagen. Und Bücher produzieren mehr und ekelhafteren Staub als jeder andere bis heute erfundene Gegenstand, und die Oberkante eines Buches ist genau der Platz, an dem jede Blaue Stubenfliege sich am liebsten zum Sterben niederlässt.

Aber der wahre Grund, warum ich nicht mein Leben lang im Buchhandel tätig sein möchte, ist folgender: Ich habe während dieser Zeit meine Liebe zu Büchern verloren. Ein Buchhändler muss Lügen über Bücher erzählen, und dadurch distanziert er sich von ihnen; schlimmer noch ist der Umstand, dass er sie ständig abstauben und von einem Platz an den anderen stellen muss. Es gab einmal eine Zeit, in der ich Bücher wirklich liebte – den Anblick, den Geruch und das Gefühl, sie in der Hand zu halten, meine ich, zumindest wenn sie fünfzig oder mehr Jahre alt waren. Nichts bereitete mir mehr Freude, als an einer Auktion auf dem Lande einen Posten solcher Bücher günstig für einen Schilling zu erstehen. Eine eigenartige Atmosphäre umschwebt diese abgegriffenen alten Bände, die man unerwartet in solchen Sammlungen aufstöbert: unbedeutende Dichter aus dem achtzehnten Jahrhundert, überholte geographische Lexika, Einzelbände von vergessenen Romanen, gebundene Jahrgänge von Frauenmagazinen der sechziger Jahre des vorigen Jahrhunderts. Für unbeschwertes Lesen – in der Badewanne zum Beispiel, oder spätabends, wenn man zu müde zum Zubettgehen ist, oder in der restlichen Viertelstunde vor dem Essen – gibt es nichts, was an eine alte Nummer von *Girl's Own Paper* heranreicht. Doch sobald ich meine Arbeit in der Buchhandlung angetreten hatte, hörte ich auf, Bücher zu kaufen. Als Masse gesehen, fünf- oder zehntausend auf einmal, wirken Bücher langweilig und sogar leicht ekelerregend. Heute kaufe ich mir wieder gelegentlich eins, aber nur, wenn es ein Buch ist, das ich unbedingt lesen möchte und nicht leihen kann; und ich kaufe niemals mehr alte Bücher. Der ehemals so angenehme Duft zerfallenden Papiers übt keine Anziehungskraft mehr auf mich aus; er ist in meiner Erinnerung zu eng mit paranoischen Kunden und toten Fliegen verbunden.

GUSTAVE FLAUBERT

Bibliomanie

In einer engen und sonnenlosen Straße Barcelonas lebte vor nicht langer Zeit einer jener Menschen mit blasser Stirn, glanzlosen, tiefliegenden Augen, eines jener satanischen und wunderlichen Wesen, wie sie E. T. A. Hoffmann in seinen Träumen zutage gefördert hat.

Es war Giacomo, der Buchhändler.

Er war dreißig und galt schon als alt und verbraucht; er war groß, aber krumm wie ein alter Mann; seine Haare waren lang, aber weiß; seine Hände waren stark und sehnig, aber vertrocknet und runzelig; seine Kleidung war elend und zerlumpt, er wirkte linkisch und gehemmt, sein Gesicht war blass, traurig, hässlich, ja nichtssagend. Man sah ihn selten auf der Straße, außer an den Tagen, wo seltene und kuriose Bücher versteigert wurden. Dann war er nicht mehr derselbe apathische und lächerliche Mann. Seine Augen belebten sich, er rannte, er lief, er trampelte mit den Füßen, nur mit Mühe konnte er seine Freude, seine Sorgen, seine Ängste und seine Schmerzen mäßigen; schnaufend, keuchend, außer Atem kam er heim, nahm das geliebte Buch, verschlang es mit seinen Augen und betrachtete und liebte es wie ein Geiziger seinen Schatz, ein Vater seine Tochter, ein König seine Krone.

Dieser Mensch hatte nie mit jemandem gesprochen außer mit Bouquinisten und Trödlern; er war schweigsam und verträumt, düster und traurig; er hatte nur eine Idee, nur eine Liebe, nur eine Leidenschaft: Bücher; und diese Liebe, diese Leidenschaft verbrannten ihn innerlich, zermürbten seine Tage, verschlangen seine Existenz.

Oft sahen die Nachbarn durch die Scheiben des Buchhändlers nachts ein Licht, das flackerte, dann kam es näher, entfernte sich, stieg empor, und manchmal verlosch es; darauf hörten sie an ihre Tür klopfen, und es war Giacomo, der seine Kerze wiederanzünden kam, die ein Windstoß ausgeblasen hatte.

Diese fiebrigen und brennenden Nächte verbrachte er in seinen Büchern. Er rannte in die Lager, er rannte durch die Reihen seiner Bibliothek mit Ekstase und Entzücken; dann blieb er stehen mit wirrem Haar, starren und sprühenden Augen, seine Hände zitterten beim Berühren des Holzes der Regale; sie waren heiß und feucht.

Er nahm ein Buch, blätterte dessen Seiten um, befühlte dessen Papier, prüfte dessen Goldschnitt, den Deckel, die Buchstaben, die Druckerschwärze, den Falz und das Bildarrangement für das Wort *finis*; dann gab er ihm einen anderen Platz, stellte es in eine höhere Reihe und betrachtete ganze Stunden seinen Titel und seine Form.

Er ging danach zu seinen Manuskripten, denn das waren die Lieblingskinder; er nahm eines davon, das älteste, das zerschlissenste, das schmutzigste, er betrachtete sein Pergament mit Liebe und Glück, er roch an seinem heiligen und ehrwürdigen Staub, dann blähten sich seine Nüstern vor Freude und Stolz, und ein Lächeln ging über seine Lippen.

Ach! Er war glücklich, dieser Mensch, glücklich inmitten all dieser Wissenschaft, von der er allenfalls das moralische Gewicht und den literarischen Wert verstand; er war glücklich, wenn er zwischen all diesen Büchern saß, seine Augen über die vergoldeten Buchstaben, über die zerschlissenen Seiten, über das verblichene Pergament gleiten ließ; er liebte die Wissenschaft wie ein Blinder den Tag.

Nein! Nicht die Wissenschaft liebte er, sondern ihre Form und ihren Ausdruck; er liebte ein Buch, weil es ein Buch war, er liebte seinen Geruch, seine Form, seinen Titel. An einem Manuskript liebte er sein altes unleserliches Datum, die wunderlichen und merkwürdigen gotischen Buchstaben, die schweren Vergoldungen seiner Illuminationen, seine mit Staub bedeckten Seiten, einen Staub, dessen süßen und feinen Geruch er mit Wonne einatmete; das hübsche Wort *finis,* umgeben von zwei Amoretten, getragen von einem Band, auf einem Springbrunnen ruhend, auf ein Grab graviert oder in einem Korb zwischen Rosen, goldenen Äpfeln oder blauen Sträußen liegend. Diese Leidenschaft hatte ihn völlig eingenommen, er aß kaum, schlief nicht mehr, träumte ganze Tage und Nächte von seiner fixen Idee: Bücher.

Er träumte von allem Göttlichen, Erhabenen, Schönen einer königlichen Bibliothek, und er träumte davon, dass seine eigene ebenso groß werden sollte wie die eines Königs. Wie atmete er frei, wie war er stolz und mächtig, wenn er seinen Blick durch die endlosen Reihen schweifen ließ, wo sein Auge sich in Büchern verlor! Er hob den Kopf? Bücher! Er senkte ihn? Bücher! Rechts und links wieder welche!

Er galt in Barcelona als merkwürdiger und infernalischer Mensch, als Gelehrter oder Zauberer.

Er konnte kaum lesen.

Niemand wagte, mit ihm zu sprechen, so streng und blass war seine Stirn; er sah böse und verräterisch aus, und trotzdem tat er nie einem Kind etwas zuleide; er gab aber auch nie Almosen.

Er bewahrte all sein Geld, all sein Gut, alle seine Gefühle für seine Bücher; er war Mönch gewesen, und ihretwegen hatte er Gott aufgegeben; später opferte er ihnen das Teuerste, was die Menschen nach ihrem Gott haben: das Geld; danach gab er ihnen das Teuerste nach dem Geld: seine Seele.

Seit einiger Zeit vor allem waren seine schlaflosen Nächte länger; noch später sah man seine Nachtlampe, die über seinen Büchern brannte; er hatte ja einen neuen Schatz: ein Manuskript.

Eines Morgens betrat ein junger Student aus Salamanca seinen Laden. Er schien reich, denn zwei Diener hielten seinen Maulesel vor Giacomos Tür; er hatte ein rotsamtenes Barett, und Ringe funkelten an seinen Fingern.

Er hatte jedoch nicht jene übliche süffisante und nichtssagende Miene von Leuten, die betresste Diener, schöne Kleider und einen hohlen Kopf haben; nein, dieser Mann war ein Gelehrter, aber ein reicher Gelehrter, das heißt ein Mann, der in Paris an einem Mahagonitisch schreibt, Bücher mit Goldschnitt hat, bestickte Pantoffeln, chinesische Kuriositäten, einen Hausrock, eine vergoldete Stutzuhr, eine Katze, die auf einem Teppich schläft, und zwei oder drei Frauen, die ihn seine Gedichte, seine

Prosa und seine Erzählungen vorlesen lassen, die ihm sagen: Ihr habt Geist, und die ihn nur für einen Gecken halten.

Die Manieren dieses Edelmannes waren höflich; beim Eintreten grüßte er den Buchhändler, machte eine tiefe Verbeugung und sagte in liebenswürdigem Ton zu ihm:

»Habt Ihr, Meister, keine Manuskripte hier?«

Der Buchhändler wurde verlegen und antwortete stammelnd:

»Aber, edler Herr, wer hat Euch das gesagt?«

»Niemand, aber ich nehme es an.«

Und er legte auf den Tisch des Buchhändlers eine Börse voll Gold, die er lächelnd klingen ließ, so wie jeder, der an Geld rührt, dessen Besitzer er ist.

»Edler Herr«, sagte Giacomo wieder, »es stimmt, dass ich welche habe, aber ich verkaufe sie nicht, ich behalte sie.«

»Und warum? Was macht Ihr damit?«

»Warum, mein edler Herr?«, und er wurde rot vor Wut. »Was ich damit mache? Oh! Nein, Ihr wisst nicht, was ein Manuskript ist!«

»Pardon, Meister Giacomo, ich kenne mich da aus, und zum Beweis sage ich Euch, dass Ihr die *Chronik der Türkei* hier habt!«

»Ich? Oh! Man hat Euch getäuscht, mein edler Herr.«

»Nein, Giacomo«, antwortete der Edelmann, »beruhigt Euch doch, ich will sie Euch ja nicht stehlen, sondern Euch abkaufen.«

»Niemals!«

»Oh! Ihr werdet sie mir verkaufen«, antwortete der Scholar, »denn Ihr habt sie hier, sie ist bei Ricciami am Tag seines Todes verkauft worden.«

»Nun gut, ja, edler Herr, ich habe sie, es ist mein Schatz, es ist mein Leben. Oh! Ihr werdet ihn mir nicht entreißen! Hört! Ich werde Euch ein Geheimnis anvertrauen: Baptisto, Ihr wisst, Baptisto, der Buchhändler, der auf dem Königsplatz wohnt, mein Rivale, mein Feind, nun, er hat sie nicht, und ich habe sie!«

»Auf wie viel schätzt Ihr sie?«

Giacomo dachte lange nach und antwortete mit stolzer Miene:

»Zweihundert Pistolen, mein edler Herr.«

Er sah den jungen Mann triumphierend an, als wenn er ihm gesagt hätte: Ihr werdet gehen, das ist zu teuer, und doch werde ich sie nicht für weniger herausgeben.

Er täuschte sich, denn jener sagte, auf die Börse weisend:

»Da sind dreihundert.«

Giacomo erbleichte, er fiel fast in Ohnmacht.

»Dreihundert Pistolen?«, wiederholte er. »Aber

ich bin ein Narr, mein edler Herr, ich werde sie nicht für vierhundert verkaufen.«

Der Student begann zu lachen und wühlte in seiner Tasche, aus der er zwei weitere Börsen holte.

»Nun, Giacomo, hier sind fünfhundert. Oh! Nein, du willst sie nicht verkaufen, Giacomo? Aber ich werde sie haben, ich werde sie heute haben, sofort, ich brauche sie, müsste ich diesen in einem Liebeskuss geschenkten Ring verkaufen, müsste ich meinen mit Diamanten besetzten Degen verkaufen, meine Häuser und meine Paläste, müsste ich meine Seele verkaufen; ich brauche dieses Buch, ja ich brauche es mit aller Gewalt, um jeden Preis; in acht Tagen verteidige ich eine These in Salamanca, ich brauche dieses Buch, um Doktor zu werden, ich muss Doktor sein, um Erzbischof zu werden, ich brauche das Purpur auf den Schultern, um die Tiara auf der Stirn zu haben.«

Giacomo trat an ihn heran und betrachtete ihn mit Bewunderung und Respekt, wie den einzigen Menschen, den er begriffen hatte.

»Höre, Giacomo«, unterbrach ihn der Edelmann, »ich werde dir ein Geheimnis sagen, das deinen Wohlstand und dein Glück machen wird: Es gibt hier einen Mann, dieser Mann wohnt am Tor der Araber; er hat ein Buch, das *Mysterium des heiligen Michael.*«

»Das *Mysterium des heiligen Michael*?«, sagte Giacomo und stieß einen Freudenschrei aus. »Oh, danke, Ihr habt mir das Leben gerettet.«

»Schnell, gib mir die *Chronik der Türkei*.«

Giacomo lief zu einem Regal; dort blieb er plötzlich stehen, bemühte sich zu erbleichen und sagte mit erstaunter Miene: »Aber, mein edler Herr, ich habe sie nicht.«

»Oh! Giacomo, deine Schliche sind ziemlich plump, und deine Blicke strafen deine Worte Lügen.«

»Oh! Mein edler Herr, ich schwöre Euch, ich habe sie nicht.«

»Aber du bist doch ein alter Narr, Giacomo; hier, da hast du sechshundert Pistolen.«

Giacomo nahm das Manuskript und gab es dem jungen Mann: »Behandelt es pfleglich«, sagte er, als dieser sich lachend entfernte und auf seinen Maulesel steigend zu seinen Dienern sagte: »Ihr wisst, dass Euer Herr ein Narr ist, aber er hat gerade einen Schwachkopf getäuscht. Der Idiot von filzigem Mönch!«, wiederholte er lachend. »Er glaubt, dass ich Papst sein werde!«

Und der arme Giacomo stand traurig und verzweifelt da, presste seine brennende Stirn an die Scheiben seines Ladens, heulte vor Wut und betrachtete mit Schmerz und Jammer sein Manuskript, den Gegenstand seiner Pflege und seiner Zärtlichkeit, das die groben Diener des Edelmannes wegtrugen.

»Oh! Sei verflucht, Mann der Hölle, sei verflucht, hundertmal verflucht, du, der du mir alles gestohlen hast, was ich auf der Erde liebte. Oh! Ich werde jetzt nicht leben können! Ich weiß, dass er mich getäuscht hat, der Schuft, er hat mich getäuscht. Wenn es so war, oh, werde ich mich rächen! Schnell zum Tor der Araber. Wenn dieser Mann eine Summe von mir verlangt, die ich nicht habe? Was dann? Oh! Ich werde daran sterben!«

Er nahm das Geld, das der Student auf dem Ladentisch zurückgelassen hatte, und rannte hinaus.

Während er durch die Straßen ging, sah er nichts von allem, was ihn umgab, alles glitt an ihm vorüber wie eine Phantasmagorie, deren Rätsel er nicht verstand, er hörte weder die Schritte der Vorbeigehenden noch das Geräusch der Räder auf dem Pflaster; er dachte, er träumte, er sah nur eins: Bücher. Er dachte an das *Mysterium des heiligen Michael,* er schuf es sich in seiner Phantasie, breit und dünn, mit einem Pergament, verziert mit Goldbuchstaben, er versuchte die Zahl der Seiten zu erraten, die es enthalten musste; sein Herz schlug so heftig wie das eines Menschen, der sein Todesurteil erwartet.

Endlich kam er an.

Der Student hatte ihn nicht getäuscht!!

Auf einem ganz zerlöcherten alten Perserteppich waren am Boden ein Dutzend Bücher ausgebreitet. Ohne mit dem Mann zu sprechen, der daneben schlief, wie seine Bücher daliegend, und in der Sonne schnarchte, fiel Giacomo auf die Knie, begann mit besorgten und angstvollen Augen die Rücken der Bücher zu überfliegen, stand dann bleich und niedergeschlagen auf, weckte den Bouquinisten schreiend und fragte: »He, Freund, habt Ihr hier nicht das *Mysterium des heiligen Michael*?«

»Was?«, sagte der Händler und schlug die Augen auf. »Wollt Ihr nicht von einem Buch sprechen, das ich habe? Seht!«

»Idiot!«, sagte Giacomo und stampfte mit dem Fuß. »Hast du denn noch andere als die da?«

»Na, kommt, hier.«

Und er zeigte ihm ein kleines Paket von Broschüren, die mit Strippen zusammengebunden waren. Giacomo riss sie auf und las in einer Sekunde die Titel.

»Hölle!«, sagte er. »Es ist nicht dabei. Hast du es nicht zufällig verkauft? Oh! Wenn du es besitzt, gib her, gib her; hundert Pistolen, zweihundert, alles, was du willst.«

Der Bouquinist sah ihn erstaunt an: »Oh! Ihr meint vielleicht ein Büchlein, das ich gestern für acht Maravedi dem Pfarrer der Kathedrale von Oviedo gegeben habe?«

»Erinnerst du dich an den Titel dieses Buches?«

»Nein.«

»War es nicht *Mysterium des heiligen Michael*?«

»Ja, genau.«

Giacomo trat einige Schritte beiseite und sank in den Staub wie ein Mensch, der von einer quälenden Erscheinung zermürbt wird, die ihn nicht loslässt. Als er zu sich kam, war es Abend, und die Sonne, die sich am Horizont rötete, war auf ihrem Tiefstand. Er erhob sich und kehrte krank und verzweifelt heim.

Acht Tage später hatte Giacomo seine traurige Enttäuschung nicht vergessen, und seine Wunde war noch immer frisch und blutig; er hatte seit drei Nächten überhaupt nicht geschlafen, denn an jenem Tag sollte das erste Buch verkauft werden, das in Spanien gedruckt worden war, ein Unikat im Königreich. Schon seit langem wollte er es haben; daher war er glücklich, als man ihm bekanntgab, dass der Besitzer gestorben wäre.

Aber eine Sorge lag ihm auf der Seele: Baptisto könnte es kaufen, Baptisto, der ihm seit einiger Zeit alles wegschnappte, nicht die Kunden, das scherte ihn kaum, sondern alles, was an Seltenem und Altem erschien, Baptisto, dessen Ansehen er hasste mit einem Künstlerhass. Dieser Mann wurde für ihn zur Plage, immer war er es, der ihm die Manuskripte wegschnappte; bei den Versteigerungen überbot er ihn und kaufte. Oh! Wie oft sah der arme Mönch in seinen ehrgeizigen und stolzen Träumen, wie oft sah er die lange Hand Baptistos auf sich zukommen, der wie bei den Versteigerungen durch die Menge ging, um ihm einen Schatz wegzuschnappen, den er so lange erträumt hatte, nach dem er mit so viel Liebe und Egoismus gelechzt hatte! Wie oft auch war er versucht, mit einem Verbrechen zu beenden, was weder Geld noch Geduld vermocht hatten; aber er verdrängte diesen Gedanken in seinem Herzen, versuchte sich mit dem Hass zu betäuben, den er gegen diesen Mann hegte, und schlief über seinen Büchern ein.

Schon am Morgen stand er vor dem Haus, in dem die Versteigerung stattfinden sollte; er war noch vor dem Kommissar, vor dem Publikum und vor der Sonne da. Sowie die Türen aufgingen, stürzte er sich auf die Treppe, stieg in den Saal und fragte nach diesem Buch. Man zeigte es ihm; das war schon ein Glück.

Oh! Noch nie hatte er ein so schönes gesehen, das ihm so sehr gefiel. Es war eine lateinische Bibel mit griechischen Kommentaren; er schaute es an und bewunderte es mehr als alle anderen, er presste es mit bitterem Lachen zwischen seine Finger wie jemand, der vor Hunger stirbt und Gold sieht. Niemals auch hatte er es so sehr begehrt. Oh! Wie hätte er da, selbst um den Preis von allem, was er hatte, seiner Bücher, seiner Manuskripte, seiner sechshundert Pistolen, um den Preis seines Blutes, oh, wie hätte er dieses Buch haben wollen! Alles verkaufen, alles, um dieses Buch zu haben; nur das eine zu haben, aber es allein zu haben; es ganz Spanien zeigen zu können mit einem höhnischen und mitleidigen Lachen für den König, für die Fürsten, für die Gelehrten, für Baptisto, und zu sagen: Mir, mir gehört dieses Buch! Und es sein ganzes Leben in seinen beiden Händen zu halten, es zu betasten, wie er es berührt, es zu riechen, wie er es riecht, und es zu besitzen, wie er es betrachtet!

Endlich ist es so weit. Baptisto war in der Mitte mit heiterem Gesicht, ruhiger und friedlicher Miene. Das Buch kam an die Reihe. Giacomo bot zunächst zwanzig Pistolen, Baptisto schwieg und sah die Bibel nicht an. Schon streckte der Mönch die Hand aus, um dieses Buch zu ergreifen, das ihn so etliche Qualen und Ängste gekostet hatte, als Baptisto plötzlich sagte: »Vierzig.« Giacomo sah mit Entsetzen, dass sein Antagonist sich erhitzte, je mehr der Preis stieg.

»Fünfzig!«, schrie er aus Leibeskräften.

»Sechzig!«, antwortete Baptisto.

»Hundert!«

»Vierhundert.«

»Fünfhundert«, fügte der Mönch bedauernd hinzu.

Und während er vor Ungeduld und Wut trampelte, trug Baptisto eine ironische und bösartige Ruhe zur Schau. Schon hatte die hohe und übergeschnappte Stimme des Gerichtsdieners dreimal wiederholt: fünfhundert, schon sah Giacomo das Glück auf seiner Seite; ein Zischen, das aus den Lippen eines Mannes entwich, ließ ihn ohnmächtig werden, denn der Buchhändler vom Königsplatz drängte sich durch die Menge und sagte plötzlich: »Sechshundert.« Die Stimme des Gerichtsdieners wiederholte sechshundert viermal, und keine andere Stimme antwortete ihm; man sah nur an einem der Enden des Tisches einen Mann mit bleicher Stirn, mit zitternden Händen, einen Mann, der bitter jenes Lachen der Verdammten Dantes lachte; er senkte den Kopf, die Hand in seiner Brust, und als er sie herauszog, war sie heiß und feucht, denn er hatte Fleisch und Blut an seinen Nägeln.

Man reichte sich das Buch von Hand zu Hand, um es zu Baptisto gelangen zu lassen; das Buch kam bei Giacomo vorbei, er roch es, er sah es einen Augenblick vor seinen Augen vorüberziehen, dann bei einem Mann bleiben, der es lachend in die Hand nahm und aufschlug. Da senkte der Mönch seinen Kopf, um sein Gesicht zu verbergen, denn er weinte.

Als er durch die Straßen heimkehrte, war sein Gang langsam und schwerfällig, er hatte sein merkwürdiges und stumpfes Gesicht, sein groteskes und lächerliches Auftreten; er sah aus wie ein Betrunkener, denn er schwankte; seine Augen waren halb geschlossen, er hatte rote und brennende Lider; der Schweiß rann ihm über die Stirn, und er stammelte zwischen den Zähnen wie jemand, der zu viel getrunken hat und der sich beim Festmahl übernommen hat.

Sein Denken gehörte ihm nicht mehr, es irrte umher wie sein Körper, ohne Ziel noch Plan; es war schwankend, unentschlossen, schwer und wunderlich; sein Kopf drückte ihn wie Blei, seine Stirn brannte wie eine Glut. Ja, er war betrunken von dem, was er gefühlt hatte, er war zermürbt von seinen Tagen, er hatte die Existenz satt.

An jenem Tag – es war ein Sonntag – ging das Volk schwatzend und singend auf den Straßen spazieren. Der arme Mönch hörte sein Geschwätz und seinen Gesang; er schnappte unterwegs einige Satzfetzen, einige Wörter, einige Schreie auf, aber ihm schien es immer derselbe Ton, dieselbe Stimme, es war ein verschwommenes, unbestimmtes Getöse, eine wunderliche und laute Musik, die in seinem Hirn dröhnte und ihn quälte.

»He«, sagte ein Mann zu seinem Nachbarn, »hast du von der Geschichte dieses armen Pfarrers von Oviedo gehört, der erdrosselt in seinem Bett gefunden wurde?«

Hier war es eine Schar von Frauen, die an ihren Türen die Abendfrische genossen; Folgendes hörte Giacomo, als er an ihnen vorbeiging: »Sagt, Martha, wisst Ihr, dass es in Salamanca einen jungen Reichen gegeben hat, Don Bernardo, Ihr wisst, derselbe, der, als er vor einigen Tagen hierherkam, einen so hübschen und so gut aufgezäumten zarten Maulesel hatte und der ihn auf dem Pflaster stampfen ließ; ja, der arme junge Mann, heute Morgen wurde gesagt, in der Kirche, dass er tot ist.«

»Tot!«, sagte ein junges Mädchen.

»Ja, Kleine«, antwortete die Frau; »er ist hier gestorben, in der Herberge zu Sankt Peter; erst spürte er Schmerzen im Kopf, dann hatte er Fieber, und nach vier Tagen wurde er zu Grabe getragen.«

Giacomo hörte auch noch andere; alle diese Erinnerungen ließen ihn zittern, und ein grausames Lächeln glitt über seinen Mund.

Der Mönch kehrte erschöpft und krank heim; er legte sich platt auf die Bank seines Büros und schlief. Beklemmungen lasteten auf seiner Brust, ein rauher und hohler Ton kam aus seiner Kehle; er wachte mit Fieber auf; ein entsetzlicher Albtraum hatte seine Kräfte erschöpft.

Es war inzwischen Nacht, und von der nächsten Kirche hatte es elf geschlagen. Giacomo hörte Schreie: »Feuer! Feuer!« Er machte seine Scheiben auf, ging auf die Straße und sah tatsächlich Flammen, die über die Dächer emporloderten; er kehrte wieder heim und nahm wieder seine Lampe, um in seine Lager zu gehen, als er vor seinen Fenstern Männer vorbeilaufen hörte, die sagten: »Es ist auf dem Königsplatz, das Feuer ist bei Baptisto.«

Der Mönch schlotterte, ein schallendes Lachen kam aus der Tiefe seines Herzens, und er wandte sich mit der Menge zum Haus des Buchhändlers.

Das Haus stand in Brand, die Flammen loderten empor, hoch und schrecklich, und vom Winde gejagt züngelten sie zum schönen blauen Himmel Spaniens hinauf, der über dem aufgeregten und lärmenden Barcelona lag wie ein Schleier über Tränen.

Man sah einen halbnackten Mann, er war verzweifelt, raufte sich die Haare, wälzte sich auf der Erde, Gott lästernd und Wut- und Verzweiflungsschreie ausstoßend; es war Baptisto.

Der Mönch betrachtete seine Verzweiflung und seine Schreie mit Ruhe und Glück, mit jenem grausamen Lachen des Kindes, das über die Qualen des Schmetterlings lacht, dem es die Flügel ausgerissen hat.

In einer höheren Wohnung sah man Flammen, die irgendwelche Papierbündel verzehrten.

Giacomo nahm eine Leiter, lehnte sie an die geschwärzte und schwankende Mauer; die Leiter zitterte unter seinen Schritten; er stieg eilig hinauf, kam an jenes Fenster. Verflucht! Es waren nur einige alte Buchhandlungsbücher ohne Wert noch Preis. Was tun? Er war eingestiegen, man konnte nur entweder in dieser Flammenluft weitergehen oder über die Leiter, deren Holz heiß zu werden anfing, wieder hinabsteigen. Nein! Er ging weiter.

Er durchquerte mehrere Säle, der Fußboden zitterte unter seinen Schritten, die Türen stürzten ein, wenn er sich ihnen näherte, die Deckenbalken hingen über seinem Kopf; atemlos und wütend rannte er mitten in der Feuersbrunst umher.

Er musste dieses Buch haben! Er musste es haben, oder den Tod!

Er wusste nicht, wohin er rennen sollte, aber er rannte.

Endlich kam er an eine Wand, die unversehrt war, er trat sie mit einem Fußtritt ein und sah ein dunkles und enges Zimmer; er tastete umher, fühlte einige Bücher unter seinen Fingern, berührte eines davon, nahm es und trug es aus diesem Saal. Er hatte es! Es, das *Mysterium des heiligen Michael*! Er kehrte um wie ein Besessener im Wahn, er sprang über die Löcher, er flog in die Flamme, aber er fand die Leiter nicht mehr, die er an die Mauer gelehnt hatte; er kam an ein Fenster und stieg nach draußen, sich mit Händen und Knien an die Unebenheiten klammernd, seine Kleider begannen Feuer zu fangen, und als er auf der Straße ankam, wälzte er sich in der Gosse, um die Flammen, die ihn verbrannten, zu löschen.

Einige Monate vergingen, und man hörte nichts mehr vom Buchhändler Giacomo, außer wie von einem jener seltsamen und merkwürdigen Menschen, über die die Menge auf der Straße lacht, weil sie ihre Passionen und Manien nicht versteht.

Spanien war mit schwerwiegenderen und ernsteren Interessen beschäftigt. Ein böser Geist schien auf ihm zu lasten; täglich neue Morde und neue Verbrechen, und all das schien von einer unsichtbaren und verborgenen Hand herzurühren; ein Dolch hing über jedem Dach und über jeder Familie; Leute verschwanden urplötzlich, ohne dass man irgendeine Spur des Blutes fand, das ihre Verletzung verbreitet hatte; ein Mann ging auf Reisen, er kam nicht mehr wieder; man wusste nicht, wem man diese entsetzliche Geißel zuschreiben sollte –

denn man muss das Unglück einem Fremden zuschreiben, aber das Glück sich selbst.

Es gibt ja so unheilvolle Tage im Leben, so verderbliche Epochen für die Menschen, dass man, nicht wissend, wen man mit seinen Verwünschungen verfolgen soll, zum Himmel schreit; in jenen unglücklichen Epochen für die Völker glaubt man an die Fatalität.

Eine flinke und eifrige Polizei hatte zwar versucht, den Urheber all dieser Missetaten zu entdecken; der gedungene Spitzel hatte sich in alle Häuser eingeschlichen, hatte alle Reden belauscht, alle Schreie gehört, alle Blicke gesehen, und er hatte nichts erfahren. Der Staatsanwalt hatte alle Briefe geöffnet, alle Siegel gebrochen, alle Ecken durchstöbert, und er hatte nichts gefunden.

Eines Morgens jedoch hatte Barcelona sein Trauerkleid abgelegt und war in die Gerichtssäle geströmt, wo der zum Tode verurteilt werden sollte, den man für den Urheber all dieser entsetzlichen Morde hielt. Das Volk verbarg seine Tränen unter einem krampfhaften Lachen, denn wenn man leidet und wenn man weint, dann ist es eine zwar ganz egoistische, aber doch beruhigende Tröstung, andere Leiden und andere Tränen zu sehen.

Der arme Giacomo, so ruhig und so friedlich, war angeklagt, das Haus Baptistos verbrannt zu haben, seine Bibel gestohlen zu haben; er war außerdem mit tausend anderen Anklagen belastet.

Da war er also, saß auf der Bank der Mörder und Räuber, er, der ehrenhafte Bibliophile; der arme Giacomo, der nur an seine Bücher dachte, war also in die Mysterien von Mord und Schafott verwickelt.

Der Saal quoll vor Volk über. Endlich stand der Staatsanwalt auf und verlas seine Schrift; sie war lang und verworren, nur mit Mühe konnte man die eigentliche Anklage von den Parenthesen und Reflexionen unterscheiden. Der Staatsanwalt sagte, dass er in Giacomos Haus die Bibel gefunden hatte, die Baptisto gehörte, dann, dass diese Bibel die einzige in Spanien war; also war es wahrscheinlich, dass Giacomo Baptistos Haus angesteckt hatte, um sich jenes seltene und kostbare Buch zu verschaffen. Er schwieg und setzte sich wieder hin, völlig außer Atem.

Was den Mönch anging, so war er ruhig und friedlich und antwortete nicht einmal mit einem Blick der Menge, die ihn beschimpfte.

Sein Anwalt erhob sich, er sprach lange und gut; schließlich, als er glaubte, sein Auditorium aufgewühlt zu haben, lüftete er seine Robe und zog ein Buch darunter hervor; er schlug es auf und zeigte es dem Publikum. Es war ein zweites Exemplar jener Bibel.

Giacomo stieß einen Schrei aus, fiel auf seine Bank und raufte sich die Haare. Der Augenblick war kritisch, man wartete auf ein Wort des Angeklagten, aber kein Laut drang aus seinem Mund; schließlich setzte er sich wieder hin, sah seine Richter und seinen Anwalt an wie ein Mensch, der aufwacht.

Er wurde gefragt, ob er schuldig sei, bei Baptisto Feuer gelegt zu haben.

»Nein, leider!«, antwortete er.

»Nein?«

»Aber werdet Ihr mich verurteilen? Oh! Verurteilt mich, ich bitte Euch darum! Das Leben ist mir eine Qual, mein Anwalt hat Euch belogen, glaubt ihm nicht. Oh! Verurteilt mich, ich habe Don Bernardo getötet, ich habe den Pfarrer getötet, ich habe das Buch gestohlen, das einzige Buch, denn es gibt keine zwei davon in Spanien. Hohes Gericht, tötet mich, ich bin ein Elender.«

Sein Anwalt ging auf ihn zu und zeigte ihm jene Bibel.

»Ich kann Euch retten, seht!«

Giacomo nahm das Buch, sah es an.

»Oh! Ich, der ich glaubte, dass es das Einzige in Spanien wäre! Oh! Sagt mir, sagt mir, dass Ihr mich getäuscht habt. Wehe Euch!«

Und er fiel ohnmächtig um.

Die Richter kamen zurück und verkündeten sein Todesurteil.

Giacomo hörte es unbewegt und erschien sogar ruhiger und friedlicher. Man ließ ihn hoffen, dass, wenn er den Papst um Gnade bäte, er sie vielleicht erlangen würde; er wollte nichts davon wissen und bat lediglich, dass seine Bibliothek dem Menschen gegeben würde, der die meisten Bücher in Spanien hätte.

Dann, als das Volk sich verlaufen hatte, bat er seinen Anwalt, dass er doch die Güte haben möge, ihm sein Buch zu leihen; dieser gab es ihm.

Giacomo ergriff es verliebt, vergoss einige Tränen auf die Blätter, zerriss es voller Wut, dann warf er die Fetzen seinem Verteidiger ins Gesicht und sagte:

»Ihr habt gelogen, Herr Anwalt! Ich sagte Euch doch, dass es das Einzige in Spanien wäre!«

MARK TWAIN

Drei Gedanken

»Ich war auch mal einige Zeit Buchhändler, gab das aber auf, weil die Kunden mich immer beim Lesen störten.«

»Es ist idiotisch, sieben oder acht Monate an einem Roman zu schreiben, wenn man in jedem Buchladen für zwei Dollar einen kaufen kann.«

»Wer keine guten Bücher liest, hat keinen Vorteil gegenüber jemandem, der sie nicht lesen kann.«

PENELOPE FITZGERALD

Die Buchhandlung

1959 wusste Florence Green am Ende mancher Nächte nicht genau, ob sie überhaupt geschlafen hatte. Sie plagte sich nämlich mit der schwierigen Entscheidung über den Kauf eines kleinen Anwesens, des Old House, samt dazugehörigem Lagerschuppen unten am Wasser. Sollte sie die einzige Buchhandlung in Hardborough aufmachen? Wahrscheinlich hielt die Unentschlossenheit sie wach. Einmal hatte sie gesehen, wie ein Fischreiher über die Flussmündung flog und im Flug versuchte, seine Beute, einen Aal, herunterzuschlingen. Der Aal dagegen kämpfte sich ab, dem Schlund des Reihers zu entkommen, und wand sich zu einem Viertel, zur Hälfte oder gelegentlich sogar zu drei Vierteln heraus. Keines der beiden Geschöpfe konnte den Kampf für sich entscheiden, ihr Anblick war zum Erbarmen. Sie hatten sich zu viel vorgenommen. Florence hatte das Gefühl, falls sie wirklich kein Auge zugetan hätte – und oft sagt man das so, meint es aber gar nicht –, müsse wohl der Gedanke an den Reiher sie wach gehalten haben.

Sie hatte ein gutes Herz, obwohl das nicht viel hilft, wenn es um Selbsterhaltung geht. Gut acht Jahre ihrer zweiten Lebenshälfte hatte sie nun schon in Hardborough verbracht und von dem sehr kleinen Kapital gezehrt, das ihr verstorbener Ehemann ihr hinterlassen hatte, und seit kurzem überlegte sie, ob es nicht ihre Pflicht sei, sich selbst und womöglich auch anderen klarzumachen, dass sie aus eigenem Recht existiere. Überleben – so meinten viele am Ort – sei das Einzige, was man in der kalten, klaren Luft East Anglias verlangen könne. Was mich nicht umbringt, macht mich stark, dachten die Einwohner: entweder ein hohes Alter oder sofort in der salzigen Erde des Friedhofs begraben sein.

Sie war klein, schmal und drahtig, von vorn wirkte sie unscheinbar und von hinten erst recht. Man redete nicht viel über sie, nicht einmal in Hardborough, wo man jeden schon von weitem kommen sah und alles besprach, was man gesehen hatte. Ihre Kleidung zeigte kleine Anpassungen an die Jahreszeiten. Ihren Wintermantel kannte man, er war von der soliden Art, die immer noch ein Jahr lang hält.

1959 gab es in Hardborough weder eine Imbissstube für Fish-and-Chips noch eine Wäscherei, und Filme wurden nur jeden zweiten Samstagabend vorgeführt; alle diese Dinge entbehrte man, aber niemand hätte daran gedacht, eine Buchhandlung aufzumachen, und niemand hätte Mrs. Green so etwas zugetraut.

»Selbstverständlich kann ich im Augenblick keine bindende Zusage seitens der Bank geben – ich habe keine Entscheidungsbefugnis –, aber ich glaube sagen zu können, dass keine prinzipiellen Bedenken gegen ein Darlehen bestehen. Wir hatten Weisung von der Regierung, zurückhaltend mit Privatkrediten zu sein, aber inzwischen gibt es deutliche Anzeichen für eine Entspannung – damit verrate ich kein Staatsgeheimnis. Natürlich werden Sie wenig oder keine Konkurrenz haben – wie ich höre, soll der Strickladen *Fleißiges Bienchen* Romane verleihen, aber das fällt nicht ins Gewicht. Sie versichern mir, Sie hätten allerhand Erfahrung mit dem Geschäft.«

Florence setzte an, um zum dritten Mal zu erklären, was sie damit gemeint habe; dabei hatte sie sich und ihre Freundin vor Augen, das Haar in Dauerwellen gelegt, Bleistifte an Kettchen um den Hals, junge Verkäuferinnen bei Müller in der Wigmore Street – vor fünfundzwanzig Jahren war das gewesen. Am besten erinnerte sie sich an die Bestandsaufnahme: Mr. Müller bat immer erst um Ruhe, bevor er mit wohlberechneter Verzögerung die Liste der jungen Damen und ihrer Partner verlas, die durch Los bestimmt waren, die tägliche Inventur durchzuführen. Die weiblichen Angestellten waren in der Überzahl, und sie hatte Glück, dass sie 1934 mit Charlie Green, dem Einkäufer für Lyrik, ein Paar bildete.

»Als junges Mädchen habe ich das Geschäft gründlich gelernt«, sagte sie. »Ich kann mir nicht denken, dass es sich seitdem wesentlich verändert hat.«

»Aber Sie waren nie in leitender Stellung. Nun, dazu ließe sich das eine oder andere Sinnvolle sagen. Nennen Sie es Beratung, wenn Sie so wollen.«

In Hardborough gab es nur sehr wenige neue Unternehmen, und sobald sich eines abzeichnete, geriet die stehende Luft in der Bank in leichte Unruhe, so wie eine Brise vom Meer noch tief im Binnenland etwas Bewegung bringt.

»Ich darf Ihre Zeit nicht weiter in Anspruch nehmen, Mr. Keble.«

»Oh, das überlassen Sie nur mir. Vielleicht kann ich es so sagen: Wenn Sie sich mit dem Vorhaben tragen, eine Buchhandlung aufzumachen, müssen Sie sich fragen, was Sie sich davon eigentlich versprechen. Dies ist die erste Frage, die man sich bei einem Geschäft, gleich welcher Art, stellen muss.

Hoffen Sie, Ihrer kleinen Stadt damit einen brauchbaren Dienst zu erweisen? Hoffen Sie auf merklichen Profit? Oder laufen Sie, Mrs. Green, vielleicht nur immer so mit, ohne recht zu verstehen, dass uns mit den sechziger Jahren womöglich eine gewaltig veränderte Welt bevorsteht? Ich habe mir oft gesagt: Jammerschade, dass es keinen allgemein anerkannten Lehrgang für Kleinunternehmer …«

Offenkundig gab es einen anerkannten Lehrgang für Filialleiter einer Bank. Mr. Keble war jetzt in vertrautem Fahrwasser, und seine Stimme gewann mit der Strömung Fahrt. Er sprach von der Notwendigkeit einer professionellen Buchführung, von Tilgungsplänen für Darlehen und Opportunitätskosten.

»… Ich möchte Sie auf einen Punkt hinweisen, Mrs. Green, der Ihrer Aufmerksamkeit höchstwahrscheinlich entgangen ist, uns dagegen, die wir aufgrund unserer Position einen größeren Überblick haben, ganz klar vor Augen steht. Mein Punkt ist folgender: *Wenn zu einer beliebigen Zeit der Kapitalzufluss den Kapitalabfluss nicht ausgleichen kann, lässt sich mit Sicherheit vorhersagen, dass finanzielle Schwierigkeiten vor der Tür stehen.*«

Das wusste Florence längst, seit ihrem ersten Zahltag, als sie mit sechzehn Jahren Selbstversorgerin geworden war. Mit Mühe hielt sie eine scharfe

Erwiderung zurück. Was war aus ihrem Vorsatz geworden? Beim Überqueren des Marktplatzes, mit Blick auf das Bankhaus, dessen solide rote Backsteine dem ewigen Wind die Stirn boten, hatte sie sich fest vorgenommen, Verstand und Fingerspitzengefühl an den Tag zu legen.

»Zur Frage der Ware, Mr. Keble. Sie wissen, dass man mir angeboten hat, den größten Teil dessen, was ich brauche, von Müller zu kaufen, da die Firma ja jetzt aufgelöst wird.« Sie brachte es fertig, dies resolut vorzubringen, obwohl sie die Schließung als einen persönlichen Angriff auf ihre Erinnerungen empfunden hatte. »Darüber habe ich noch keinen Überblick. Was das Gebäude betrifft, so stimmten Sie mir zu, dass £ 3500 ein angemessener Preis für das Grundeigentum am Old House und dem Austernschuppen sei.«

Zu ihrer Überraschung zögerte der Filialleiter.

»Die Immobilie steht jetzt schon lange leer. Das ist natürlich Sache Ihres Maklers und Ihres Anwaltes – Thornton, richtig?« Das war ein übertriebener Schnörkel, eine gewisse Schwäche, denn in Hardborough gab es nur zwei Anwälte. »Aber ich würde doch meinen, dass der Preis sich noch etwas drücken ließe ... Das Haus läuft Ihnen nicht davon, wenn Sie beschließen, noch etwas zuzuwarten ... der Verfall ... die Feuchtigkeit ...«

»Die Bank ist das einzige Gebäude in Hardborough, das nicht feucht ist«, antwortete Florence. »Vielleicht sind Sie zu anspruchsvoll geworden, weil Sie alle Tage hier arbeiten.«

»... Und dann ist mir zu Ohren gekommen – ich in meiner Position darf Ihnen sagen, so wie ich es verstehe, ist wohl der Vorschlag geäußert worden –, dass das Haus auch anderen Zwecken dienen könne –, obwohl selbstverständlich immer die Möglichkeit zum Wiederverkauf besteht.«

»Natürlich möchte ich die Kosten auf ein Minimum beschränken.«

Der Filialleiter wollte schon ein verständnisvolles Lächeln aufsetzen, sparte sich jedoch die Mühe, als Florence schneidend hinzufügte: »Aber ich habe nicht die Absicht, wieder zu verkaufen. Es ist so eine Sache, in mittlerem Alter noch einen Schritt voran zu tun, aber da ich es nun einmal gewagt habe, steht mir nicht der Sinn danach, einen Rückzieher zu machen. Welchem Zweck könnte das Old House sonst dienen, was meinen die Leute? Warum haben sie in den letzten sieben Jahren nichts unternommen? Die Dohlen haben darin genistet, die Hälfte der Ziegel waren fort, nach Ratten hat es gestunken. Eignet es sich da nicht besser zum Aufenthaltsort für Bücherfreunde?«

»Sprechen Sie von Kultur?«, sagte der Filialleiter,

und in seiner Stimme hielten Mitleid und Respekt sich die Waage.

»Kultur ist etwas für Amateure. Ich kann mir kein Verlustgeschäft leisten. Shakespeare war ein Fachmann.«

Florence ließ sich zu leicht aus der Fassung bringen, aber wenigstens hatte sie das große Glück, dass ihr etwas sehr am Herzen lag.

Der Filialleiter antwortete beruhigend, zum Lesen brauche man viel Zeit: »Ich wünschte, ich hätte mehr Zeit zur Verfügung. Wissen Sie, die Leute machen sich ganz falsche Vorstellungen vom Dienstschluss in der Bank. Unter uns gesagt, ich habe selten Feierabend. Aber verstehen Sie mich nicht falsch, ein gutes Buch auf dem Nachttisch ist von unschätzbarem Wert für mich. Wenn ich endlich zur Ruhe komme, übermannt mich der Schlaf, kaum dass ich ein paar Seiten gelesen habe.«

Sie überschlug, dass der Filialleiter bei diesem Lesetempo länger als ein Jahr mit einem Buch auskomme. Ein Buch kostete durchschnittlich zwölf Shilling und Sixpence. Sie seufzte.

Sie kannte Mr. Keble kaum. So ging es fast allen Leuten in Hardborough. Obwohl Presse und Rundfunk ihnen ständig versicherten, Großbritannien befinde sich im wirtschaftlichen Aufschwung, waren die meisten Einwohner von Hardborough knapp bei Kasse und gingen dem Bankleiter von vornherein aus dem Weg. Der Heringsfang warf nur noch wenig ab, die Zahl der Arbeitsplätze in der Region war zurückgegangen, und viele Pensionäre lebten von einem festen Einkommen. Diese Menschen erwiderten Mr. Kebles Lächeln nicht und grüßten auch nicht zurück, wenn er ihnen aus dem hastig heruntergekurbelten Fenster seines Austin Cambridge zuwinkte. Vielleicht redete er deshalb so lange mit Florence, auch wenn die Unterhaltung kaum geschäftsmäßig war. Vielmehr hatte sie nun seiner Ansicht nach eine unstatthaft persönliche Ebene erreicht.

Man könnte Florence Green wie Mr. Keble einsame Gestalten nennen, aber damit waren sie in Hardborough nichts Besonderes, es gab viele Einsame dort. Die ortsansässigen Naturverbundenen, der Reetschnitter, der Postbote, der Marschmann Raven, sie alle radelten jeder für sich gegen den Wind, beobachtet von lauter Beobachtern, die ihre Uhren nach dem Wiederauftauchen der Radler am Horizont stellen konnten. Nicht alle diese Einzelgänger waren im Freien zu sehen; manche gingen nie aus dem Haus. Mr. Brundish, der aus einer der ältesten Familien Suffolks stammte, lebte in seinem Haus so zurückgezogen wie ein Dachs im Bau. Wenn er im Sommer herauskam, ganz in dunkelgraugrünem Tweed, dann sah er aus wie ein beweglicher Stechginsterbusch vor einer Stechginsterhecke oder wie Erde auf Schlick. Sein abweisendes Betragen nahm man mit leisem Murren hin wie das Wetter, das morgens strahlend war und sich später immer eintrübte, und wenn es noch so vielversprechend begonnen hatte.

Der Ort selbst war eine Insel zwischen Meer und Fluss; er zog sich mürrisch in sich zusammen, sobald er die Kälte spürte. Ungefähr alle fünfzig Jahre hatte er eine weitere Verbindung zur Außenwelt verloren – so als ob er achtlos oder gleichgültig gegenüber derlei sei. Seit 1850 war der Fluss Laze nicht mehr schiffbar, und die Anlegekais und die Fähren rotteten vor sich hin. 1910 stürzte die Drehbrücke ein, und von da an musste der gesamte Verkehr den sechzehn Kilometer langen Umweg über Saxford machen, um den Fluss überqueren zu können. 1920 wurde die alte Bahnlinie stillgelegt. Die Kinder von Hardborough, lauter Wattgänger und Taucher, hatten zum größten Teil noch nie einen Zug von innen gesehen. Den verlassenen Regionalbahnhof betrachteten sie mit abergläubischer Ehrfurcht. Rostige Blechschilder, Reklame für *Frys Kakao* und *Iron Jelloids,* hingen dort im Wind.

Die Sturmflut von 1953 prallte gegen die Befestigungsmauer und brachte sie zum Einsturz, so dass es – außer bei Tiefebbe – gefährlich war, die Hafeneinfahrt zu passieren. Nun konnte man nur noch mit dem Ruderboot über den Fluss Laze kommen. Der Fährmann schrieb die Abfahrtszeiten mit Kreide an die Tür seines Bootsschuppens, aber der lag am anderen Ufer, so dass niemand in Hardborough genau wissen konnte, wann die Fähre kommen würde.

Nach ihrem Gespräch in der Bank ging Florence spazieren; dass alle im Ort wussten, wo sie gewesen war, nahm sie gelassen hin. Sie überquerte die Holzplanken auf den Deichen; ihre Schritte scheuchten kleine Tiere auf – sie wusste nicht, von welcher Art –, die vor ihr raschelnd und platschend ins Wasser flüchteten. Über ihrem Kopf trieben Möwen und Krähen in den Luftströmungen. Der Wind hatte gedreht und wehte landeinwärts.

Hinter den Marschen kam der Müllplatz, und dann fingen die grob beackerten Felder an, die den Bauern gerade gut genug zum Einzäunen waren. Sie hörte, wie jemand ihren Namen rief, oder sie sah es, denn die Worte wurden sofort vom Wind weggeweht. Der Marschmann wollte etwas von ihr.

»Guten Morgen, Mr. Raven.« Das war auch nicht zu hören.

Wenn sonst niemand zur Hand war, arbeitete der

Marschmann als Ersatztierarzt. Er wartete auf dem Gemeindefeld, wo jeder, der wollte, gegen fünf Schilling pro Woche Vieh weiden lassen konnte. Am anderen Ende stand ein alter Fuchswallach, ein Suffolk Punch, die Ohren, Pflöcke auf seinem runden Schädel, drehten sich nervös spielend in Richtung der Menschen auf seinem Terrain. Misstrauisch und steifbeinig behauptete das Tier seinen Platz mit dem Rücken zum Zaun.

Als sie nur noch fünf Meter von Raven entfernt war, begriff sie, dass er sich ihren Regenmantel leihen wollte. Seine eigenen Kleidungsstücke waren starr, Schicht um Schicht, und nicht auf Kommando abzulegen.

Raven bat nie um etwas, wenn es nicht absolut notwendig war. Er nahm den Mantel mit einem Nicken entgegen, und während sie sich im Windschatten der Dornenhecke warm hielt, so gut es ging, schritt er ruhig übers Feld auf das angespannt beobachtende alte Tier zu. Mit geblähten Nüstern folgte es jeder Bewegung, beruhigte sich, weil Raven kein Halfter in der Hand hielt, und weigerte sich, mehr zu verstehen. Am Ende musste es sich aber doch entscheiden, ob es begreifen wollte oder nicht, und ein heftiger Schauer überlief es von der Nase bis zum Schwanz, dazu seufzte es. Dann ließ es den Kopf sinken, und Raven legte ihm einen

Mantelärmel um den Hals. Mit einer letzten Geste der Unabhängigkeit wandte es den Kopf zur Seite und tat so, als suche es an der feuchten Stelle unter dem Zaun nach frischem Gras. Da war keines, und es trottete ungelenk hinter dem Marschmann her, fort von den gleichgültigen Rindern, hin zu Florence.

»Was fehlt ihm denn, Mr. Raven?«

»Er frisst, aber er hat nichts vom Gras. Seine Zähne sind abgenutzt, stumpf, daran liegt es. Er reißt das Gras ab, aber kauen kann er es nicht.«

»Was können wir denn da machen?«, fragte sie hilfsbereit.

»Mit der Feile aufrauhen, das kann ich machen«, antwortete der Marschmann. Er zog ein Halfter aus der Tasche und gab den Regenmantel zurück. Sie drehte sich in den Wind, um sich in ihr Eigentum einzuknöpfen. Raven führte das alte Ross.

»Ob Sie jetzt die Zunge packen und festhalten könnten, Mrs. Green? Jeden würd' ich nicht fragen, aber Sie werden mir nicht scheu, das weiß ich.«

»*Woher* wissen Sie das?«, fragte sie.

»Es heißt, Sie wollen einen Buchladen aufmachen. Das zeigt doch, dass Sie sich auf ziemlich riskante Sachen einlassen.«

Er schob den Finger unter die schlappe, scheußlich faltige Haut an der Kinnbacke des Tieres, und allmählich öffnete sich dessen Maul zu einem übertriebenen Gähnen. Gelbe Zahnstummel standen entblößt. Florence packte die große, glitschige, oben glatte, unten rauhe dunkle Zunge mit beiden Händen und umklammerte sie wacker, wie ein Walfänger aus alten Zeiten, um sie von den Zähnen wegzuhalten. Das Pferd stand jetzt schweißüberströmt still und wartete auf sein Ende. Nur die Ohren zuckten im Protest gegen das, was das Leben ihm widerfahren ließ. Raven raspelte mit einer breiten Feile entschlossen auf den Kauflächen der Mittelzähne herum.

»Festhalten, Mrs. Green. Nicht nachlassen. Das Ding ist schlüpfrig wie die Sünde, ich weiß.«

Die Zunge wand sich wie ein Wesen mit Eigenleben. Das Pferd stampfte erst mit dem einen Fuß, dann mit dem nächsten, als sei ihm zweifelhaft, ob sie alle vier noch Bodenberührung hätten.

»Er kann doch nicht nach vorn ausschlagen, Mr. Raven, oder doch?«

»Wenn er will, kann er.« Ihr fiel wieder ein, dass ein Suffolk Punch alles kann, nur nicht galoppieren.

»Warum finden Sie eine Buchhandlung riskant?«, schrie sie gegen den Wind. »Wollen die Leute in Hardborough keine Bücher kaufen?«

Raven raspelte eifrig und sagte: »Irgendwie seltene Sachen wünschen sie sich nicht mehr, den Wunsch haben sie verloren. Bücklinge zum Beispiel verkaufen sich viel besser als Räucherheringe, die nur angeräuchert sind und viel feiner schmecken. Und Sie wollen mir jetzt bestimmt erzählen, dass Bücher keine Seltenheit sein sollten.«

Endlich losgelassen, seufzte das Pferd hohl und starrte sie an, als ob es vollkommen desillusioniert sei. Aus den Tiefen seines artigen Bauches kam ein metallischer Ton, mehr Trompete als Horn, und erstarb in einem Glucksen. Von seinem Leib stiegen Staubwolken auf wie beim Teppichklopfen aus einem Vorleger. Damit schien die Sache abgetan; das Tier trottete von dannen, bis es in sicherem Abstand war, und senkte den Kopf zum Grasen. Im nächsten Augenblick entdeckte es ein leuchtend grünes Büschel Angelika und fing an, wie verrückt zu fressen.

Raven verkündete, das alte Tier würde sich selbst nicht mehr wiedererkennen und sich wohler fühlen. Das konnte Florence, wenn sie ehrlich war, von sich nicht behaupten, aber jemand hatte ihr vertraut, und das war keine alltägliche Erfahrung in Hardborough.

PATRICIA HIGHSMITH

Ein anstrengender Samstag

Die Buchhandlung lag in einer schäbigen Geschäftsstraße. Walters Blick suchte unwillkürlich nach den Atlasfiguren über der Tür, doch vergebens. Stattdessen sah er zwei verstaubt wirkende Schaufenster voller Bücher, getrennt durch eine zurückgesetzte Eingangstür. Allem Anschein nach war die Buchhandlung auf Fachbücher für Studenten und modernes Antiquariat spezialisiert. Walter parkte auf der gegenüberliegenden Straßenseite, stieg aus und näherte sich langsam dem Laden. Er sah niemanden im Inneren bis auf einen bebrillten jungen Mann, der sich gegen eine der langen Verkaufstheken gelehnt hatte und ein Buch las. Im einen Fenster war eine Pyramide aus Algebrabüchern aufgebaut, im anderen waren Unterhaltungsromane zu einer Spirale um ein Kärtchen arrangiert, auf dem in roten Buchstaben »89 Cent« vermerkt war. Walter trat ein.

In dem Laden hing ein abgestandener, süßlicher Geruch. Regale voller Bücher bedeckten die Wände vom Boden bis zur Decke. Zwei lange Theken zogen sich längs halb durch den Laden, bedeckt mit unordentlichen Stapeln von Büchern. Von der Decke hingen ein paar nackte Glühbirnen, und hinten im Laden gab es eine hellere Lichtquelle. Walter ging langsam weiter. Unter dem hellen Licht einer Lampe mit grünem Glasschirm sah er einen kahlköpfigen Mann um die vierzig an einem Schreibtisch sitzen. Walter war sich so sicher, es mit Melchior Kimmel zu tun zu haben, als hätte er ihn von einem Foto wiedererkannt.

Der Mann blickte zu Walter auf. Er hatte einen breiten Mund mit dicken Lippen, die entzündet wirkten. Seine kleinen Augen hinter den randlosen Brillengläsern folgten Walter für einen Augenblick und senkten sich dann wieder auf die Papiere auf dem Pult. Als Walter an ihm vorbeiging – der Laden erstreckte sich hinter dem Schreibtisch noch einige Meter lang und endete an weiteren Bücherregalen –, sah er, dass der Körper des Mannes ebenso massig war wie sein Gesicht. Sein gebeugter Rücken wirkte unter dem frischen weißen Hemd wie der eines Riesen. Reste eines hellbraunen Lockenschopfes kräuselten sich über seinen Ohren und beschrieben ein Halbrund unter dem abstoßenden Rosa seines glänzenden Hinterkopfs.

»Suchen Sie etwas Bestimmtes?«, fragte der

Mann Walter und drehte sich dabei auf seinem Stuhl herum, indem er sich an dem Schreibtisch festhielt. Seine schwere Unterlippe stand leicht vor.

»Nein, vielen Dank. Ich würde mich gern umsehen.«

»Aber bitte.« Er beschäftigte sich weiter mit seinen Papieren.

Eine kultivierte Stimme, dachte Walter, keineswegs das, was man von so einem Körper erwarten würde. Bis auf den Umstand, dass das Gesicht des Mannes ebenfalls trotz aller Hässlichkeit intelligent wirkte. Walter spürte, wie ihn der Mut verließ. Er hatte einen Mann vor sich, dessen Frau ermordet worden war, weiter nichts, einen Mann, dem etwas Schreckliches widerfahren war. Jetzt kam es ihm grotesk vor, jemals Melchior Kimmel des Mordes an seiner Frau verdächtigt zu haben. Wäre es wahr, hätte die Polizei es dann nicht längst herausgefunden?

Walter stand vor einem Regal mit der Beschriftung *Metaphysische Dichter.* Es waren alte Bücher, in der Mehrzahl wissenschaftliche Fachliteratur. Dann sah er die juristische Abteilung und trat näher. Er wollte den Mann noch einmal ansprechen. Walter starrte auf die Reihe zerfledderter Bände von Blackstones *Commentaries*, ein Durcheinander von Delikten, *New Jersey Civil Courts* von 1938, das *New York State Bar Journal* von 1945, die *American Law Reports* von 1933 und Moores *Weight of Evidence.* Walter schlenderte zu dem Mann unter der Lampe zurück.

»Ich hätte gern gewusst, ob Sie möglicherweise ein Buch mit dem Titel *Fälle von Rechtsbeugung* führen«, sagte Walter. »Der Titel stimmt, wenn ich mich nicht täusche, aber den Verfassernamen weiß ich nicht mehr genau – Robert Miles, glaube ich.«

»*Fälle von Rechtsbeugung*?«, wiederholte der Mann und stand auf. »Wissen Sie das ungefähre Erscheinungsjahr?«

»Vor etwa fünfzehn Jahren.«

Der Mann blieb vor den Regalen mit juristischen Schriften stehen und beleuchtete die Titel mit einer kleinen Taschenlampe; dann zog er die vorderen Bücherreihen mit dem Unterarm vor und spähte zu den Büchern dahinter. Das Regal war beleuchtet, die Taschenlampe war für die erste Bücherreihe nicht erforderlich. Walter nahm an, dass der Mann nicht gut sah. Das Licht über dem Schreibtisch war auffallend hell.

»Marvin Cudahy kommt als Verfasser nicht in Frage?«

Den Namen kannte Walter, und es überraschte ihn, dass Kimmel ihn nannte; Cudahy war ein Richter im Ruhestand in Chicago, der ein paar obskure Bücher über Ethik im Rechtswesen verfasst hatte. »Ich bin mir ziemlich sicher, dass Cudahy es nicht ist«, sagte Walter. »Den Verfasser weiß ich nicht. Ich erinnere mich nur an den Titel.«

Der große Mann beäugte seinen etwas kleineren Besucher. Walter hatte den Eindruck oder bildete sich ein, dass diese Inspektion ein persönliches Interesse verbarg, das ihn aus der Fassung brachte, so dass er den Blick von den winzigen hellbraunen Augen des Mannes zu dessen sauberer weißer Hemdbrust senkte. »Ich kann es Ihnen besorgen«, sagte Kimmel. »Das dauert höchstens ein paar Wochen. Wollen Sie mir Ihren Namen aufschreiben? Dann kann ich Sie benachrichtigen.«

»Danke.« Er folgte dem Mann zu seinem Schreibtisch zurück. Mit einem Mal war es ihm nicht recht, seinen Namen zu nennen, doch als Kimmel mit gezücktem Stift wartete, sagte Walter: »Stackhouse«, und buchstabierte den Namen, wie er es immer tat. »Marlborough Road, Nummer neunundvierzig, in Benedict, Long Island.«

»Long Island«, murmelte Kimmel, der hastig schrieb.

»Sie sind Melchior Kimmel, nicht wahr?«, fragte Walter.

»Ja.« Die braunen Augen, von den dicken Brillengläsern absurd verkleinert, blickten Walter an.

»Ich glaube mich zu erinnern – Ihre Frau wurde vor nicht allzu langer Zeit ermordet?«

»Ja, sie wurde ermordet.«

Walter nickte. »Ich kann mich nicht erinnern, ob der Mörder je gefunden wurde.«

»Nein. Es wird noch immer nach ihm gefahndet.«

Walter kam es vor, als höre er Verdruss in Kimmels Ton. Er stellte sich vor, dass durch Kimmels Körper ein Ruck ging, wenn auch kaum merklich. Walter wusste nicht weiter. Er knetete die Handschuhe, die er zum Autofahren trug, und zermarterte sich das Gehirn, wie er sich angemessen verabschieden könnte.

»Warum fragen Sie das? Haben Sie meine Frau gekannt?«, fragte Kimmel.

»O nein, mir fiel nur der Name ein, ganz zufällig.«

»Ach, so«, sagte Kimmel mit seiner klaren, angenehmen Stimme, ohne den Blick von Walters Gesicht abzuwenden.

Walter betrachtete Kimmels breiten, feisten rechten Handrücken. Das Licht der Lampe über dem Schreibtisch schien darauf, und Walter sah vereinzelte Sommersprossen und keinerlei Behaarung auf der Haut. Plötzlich war er sich sicher, dass Kimmel wusste, warum er hergekommen war: um ihn zu besichtigen, um eine morbide Neugier zu befriedigen. Und jetzt wusste Kimmel, dass Walter auf Long Island wohnte. Kimmel stand ganz nahe neben ihm. Plötzlich befürchtete Walter, Kimmel könnte seine ungeschlachte Hand erheben und ihm mit einem Schlag das Genick brechen. »Ich hoffe, der Schuldige wird gefunden.«

»Danke«, sagte Kimmel.

»Es tut mir leid, dass ich damit so herausgeplatzt bin«, sagte Walter hilflos.

»Aber ich bitte Sie!«, sagte Kimmel mit unerwarteter Herzlichkeit. Die dicken, wie ein verfettetes Herz geformten Lippen bewegten sich nervös. »Ich danke Ihnen für Ihre Anteilnahme.«

Walter ging zur Tür, und Kimmel folgte ihm höflich auf den Fersen. Walter war mit einem Mal wieder leichter ums Herz, obwohl er eben noch, als Kimmel ihm dankte, den Eindruck gehabt hatte, dass dieser sehr wohl seine Frau ermordet haben könnte. Nicht wegen seines massigen Körpers oder seines misstrauischen Blicks, sondern wegen der unerwarteten und übertriebenen Freundlichkeit. Walter kam sogar der Gedanke, dass Kimmel erleichtert zur Kenntnis genommen haben könnte, dass er nur sein Mitgefühl bezeigte und nicht etwa ein Polizeibeamter in Zivil war. An der Tür drehte er sich um und streckte unwillkürlich die Hand aus.

Kimmel ergriff die Hand, schüttelte sie verblüffend sanft und deutete eine Verbeugung an.

»Auf Wiedersehen«, sagte Walter. »Und vielen Dank.«

»Auf Wiedersehen.«

Walter ging über die Straße zu seinem Wagen. Von dort aus blickte er zu dem Laden zurück und sah Melchior Kimmel hinter der gläsernen Eingangstür stehen, sah, wie er den Arm hob und sich mit der Hand bedächtig über den kahlen Schädel fuhr wie jemand, von dem eine Anspannung gewichen ist. Walter sah, wie Kimmel gelassen in der Tiefe seines Ladens verschwand, den kahlen Kopf erhoben, die Arme leicht vom Körper abgewinkelt.

Melchior Kimmel setzte sich an seinen Schreibtisch und starrte in die vollen Ablagefächer. Wieder ein Gaffer, dachte er, nur intelligenter und besser gekleidet als der Durchschnitt. Oder vielleicht doch ein Ermittler? Melchior Kimmels winzige Augen schlossen sich fast ganz, als er im Geist ihre Unterhaltung sorgsam nachzeichnete. Nein, dem Mann war zu eindeutig nicht wohl in seiner Haut gewesen; was hätte er außerdem herauszufinden versucht? Nichts, gar nichts. Er hatte den Eindruck, dass der Mann tatsächlich Anwalt war, obwohl er nichts dergleichen gesagt hatte. Kimmel griff nach dem Block, auf den er den Namen des

Mannes und das gewünschte Buch notiert hatte, riss den gelben Zettel ab und steckte ihn in das Fach für die Ausgangspost. Als hätte diese Geste eine Alltagsmaschinerie in Gang gesetzt, folgten ihr weitere: Papiere wurden geprüft, Briefe und Notizblöcke in allen Größen in die verschiedenen Fächer des Schreibtischs einsortiert, deren Anordnung so kompliziert aussah wie eine Schalttafel. Der massige Körper wogte im Rhythmus der Bewegungen, und für einen Moment schien Kimmels Gehirn ganz in seinen dicken Armen und Händen zu stecken. Bevor er ein kleines braunes Notizbuch in dem entsprechenden Fach verstaute, schlug er darin eine Seite ziemlich weit hinten auf und trug eine kurze senkrechte Linie ein sowie das Tagesdatum und den Vermerk »siehe B-2489«, die Nummer des übernächsten Bestellformulars. Auf der Seite befanden sich jetzt sieben senkrechte Linien mit Datum und drei Sternchen mit Datum. Die Sternchen standen für Polizeiermittler, Besucher, die er als Ermittler identifiziert hatte und die vermutlich annahmen, er hätte sie nicht erkannt. Die übrigen waren bloß Gaffer. Ohnehin maß Kimmel dieser Liste keine besondere Bedeutung zu.

Er gähnte, streckte seine dicken Fäuste in die Luft und bog genüsslich seinen starken Rücken. Dann entspannte er sich und lehnte sich auf dem ledergepolsterten Stuhl ohne Seitenlehnen zurück. Er schloss die Augen und ließ den Kopf sinken, bis er auf dem Polster seines Doppelkinns ruhte. Aber er schlief nicht ein. Er genoss das wohlige Gefühl seiner entspannten Muskeln, die Faulheit, die sich sanft durch seinen Körper und seine Arme bis in die schlaffen wulstigen Fingerkuppen stahl. Es war ein anstrengender Samstag gewesen.

JENS WONNEBERGER

Goetheallee

Wenn möglich, vermeide ich es, so früh am Nachmittag über die Goetheallee zu gehen, was mit Goethe nichts zu tun hat, sondern mit Sabine, die von ihrem Bürofenster aus die ganze Straße überblicken kann und mir am Abend oft von ihren tagsüber auf der Goetheallee gemachten Beobachtungen erzählt, meist mit diesem merkwürdigen Unterton, aus dem ich heraushöre, dass die Geschichten doch auf der Straße lägen und es ein Leichtes sei, sie aufzuschreiben. Mach doch!, sagt ihr Blick. Als ob es auf Geschichten ankäme, denke ich, entscheidend ist, wie sie erzählt werden. Meist drehe ich dann den Spieß einfach um. Was machst du eigentlich den ganzen Tag?, frage ich sie mit dem latenten, mit einer Prise Neid gemischten Misstrauen des Freiberuflers gegen gesicherte Arbeitsverhältnisse, was sie natürlich sofort bemerkt und auf ihren, zugegeben nicht unerheblichen, Anteil an unseren Familieneinnahmen verweist. Familie ist natürlich übertrieben, wir sind ja nur zu zweit.

Ich will mir gar nicht vorstellen, wie sie mein Auftauchen in der Goetheallee kommentieren würde, und biege lieber in den Amselweg, wo es jetzt noch angenehm ruhig ist. In der Kindertagesstätte Rabaukenburg sind die Vorhänge zugezogen, die Kinder schlafen um diese Zeit noch, bald aber werden sie schreiend in den Garten stürzen, und dann dauert es nicht mehr lange, und der ganze ruhige Amselweg wird verstopft sein von den Autos der gestressten Eltern, die ihren Nachwuchs abholen, um ihn gleich wieder zum Musikunterricht zu chauffieren, zum Englischkurs, zur Schwimmstunde oder zur Kinder-Uni. Vor drei Jahren hatten wir genau zu der Zeit, da das nachmittägliche Hupkonzert einsetzte, hier eine Wohnung besichtigt, schöne helle Zimmer mit einem direkten Ausgang in einen hübschen Garten, genau das, was wir schon lange suchten, aber die Kindertagesstätte und das plötzliche Verkehrschaos waren Gründe, warum wir uns dann doch für die Wohnung in der Steinstraße entschieden und damit in die Fänge von Wehovsky gerieten. Die Steinstraße liegt auf einem kleinen Hügel am Stadtrand, so dass man sogar von unserer Erdgeschosswohnung einen beachtlichen Blick hat, zumindest theoretisch, aber die Praxis hatte uns einen Baum vors Fenster gesetzt, und so war ich verwundert, als Sabines Mutter bei der ersten Besichtigung das Wort ›Beletage‹ ins Feld führte. Das Haus ist nicht schön, kein Vergleich zum Amselweg, aber ein ehemaliger Genossenschaftsbau, was sie als alte Gewerkschaftlerin gefreut haben dürfte. Letztlich aber ist es Sabines Entscheidung gewesen, ich habe mich gebeugt, für die Miete ist schließlich sie zuständig. Sabine ist in fast allen Fragen unseres Lebens die Dominante, mir ist das recht, manchmal habe ich sogar das Gefühl, sie lebt nur deshalb mit mir zusammen, weil ich als stiller Teilhaber unserer Ehe der Entfaltung ihres Initiativgeistes so wenig Widerstand entgegensetze und zufrieden bin, wenn sie mich an die Hand nimmt, wie einen ihrer Fälle in der Agentur.

Mir gefällt der von Kastanien und altertümlichen Laternen gesäumte Amselweg mit seinen hübschen kleinen, etwas hochmütig vereinzelten Häusern und Hecken, den Gärten, in denen jetzt die Forsythien blühen, noch immer, das heißt, er gefällt mir immer besser, auch wenn Sabine, seit der von uns geplante Umzug gescheitert ist, das alles spießig nennt und verächtlich über die Bewohner spricht. Sie hat dabei einen Gesichtsausdruck, als bereite allein der Gedanke, hier wohnen zu müssen, ihr Schmerzen und als habe sie jedes einzelne Haus im Verdacht, eine heimliche Rabaukenburg zu sein.

Noch mehr als der Amselweg selbst gefällt es mir, den Amselweg zu gehen, und vielleicht ist es erst das wiederholte Gehen, das den Weg so reizvoll macht. Das Gelb der Forsythien ist fast golden, so dass mir auch der Gesang der Vögel so vorkommt. Mein Gott, ich werde tatsächlich älter! Die Kastanien stehen noch wie schwarze Schatten, doch die schuppigen Hüllen der Blattknospen beginnen sich schon zu öffnen und sehen aus wie mit Leim überzogen, bald wird das Laub die Straße überdachen. *Gartenkummer? Schnelle Nummer!* lese ich auf einem Schild an einem der Zäune, unter der Telefonnummer steht: *Andreas Schnelle. Service rund ums Haus.* Leider wohnen wir nur zur Miete, denn der ehemalige Genossenschaftsbau ist längst privatisiert, sonst würde ich sofort anrufen und Herrn Schnelle anstelle von Wehovsky engagieren.

Jetzt, am frühen Nachmittag, sind die Häuser wie in sich gekehrt, vor den meisten Fenstern sind die Jalousien heruntergelassen, irgendwo weint ein Kind. Ich versuche mir vorzustellen, was sich im Inneren der Häuser abspielt. Eine junge Frau ist gerade zögernd und gedankenverloren auf eine Terrasse getreten und raucht. Der Luftzug weht die dünne Gardine durch die weit geöffnete Tür nach draußen, vielleicht sind es aber auch die perlenden Töne eines Klavierkonzerts, die den Stoff zu einem luftigen Kissen blähen. Chopin, denke ich. Ich habe, sehr zu Sabines Ärger, keine Ahnung von Klassik, aber bei Klaviermusik denke ich immer an Chopin. Die Frau schließt, wenn sie an der Zigarette zieht, die Augen und lässt ihre Hand auch nicht sinken, wenn sie den Rauch fast zärtlich und doch entschlossen durch die gespitzten Lippen bläst. Diese Geste erinnert mich an Katharina, auch wenn Katharina nicht rauchte und vermutlich nie Klavierkonzerte gehört hat. Aber wie die Frau die Schultern hochgezogen hat, wie sie die dünne Jacke vor der Brust zusammenhält … Ich würde der Frau gern noch eine Weile zusehen, wage es aber nicht, stehen zu bleiben.

Ehrlich gesagt meide ich die Goetheallee auch zu anderen Tageszeiten. Der Grund ist die Buchhandlung Wohlgemuth, oder mehr noch mein Gefühl, gerade in der Nähe der Buchhandlung müssten mir die Passanten meinen Ärger darüber ansehen, dass dieser Laden meine Bücher nicht führt. Die Auslagen einer Buchhandlung ohne meine Bücher haben etwas Deprimierendes, aber hier, nur wenige Straßenecken von meiner Wohnung entfernt, ist das eine Provokation. Nur nachts, wenn ich aus Karls Kneipe komme und nicht mehr ganz nüchtern bin, bleibe ich manchmal vor dem erleuchteten Schaufenster stehen und spotte über die Bestseller, die glänzend wie polierte Grabsteine zwischen Trockenblumen und bizarren Totholzarrangements hinter der Scheibe stehen. Manchmal glimmen vor dem Schaufenster Räucherstäbchen in einer mit rotem Sand gefüllten Messingschale, und man kann die Buchhandlung an diesen Tagen schon aus einiger Entfernung riechen. Vor der Buchhandlung gilt ein Stück der Goetheallee als verkehrsberuhigte Zone, was ich gern auf Frau Wohlgemuths massigen Leib beziehe, den sie immer in weite, rote Kleider hüllt wie Rubens' Diana bei der Heimkehr von der Jagd, züchtiger zwar, aber immerhin ärmellos, die schwammig-bleichen Oberarme freigebend, das tiefe Dekolleté von einer weißen Perlenkette gerahmt und wallend wie ihr hennarotes Haar. Ich sollte ihr vielleicht die Schnelle-Nummer übermitteln, von einem Herrn Wohlgemuth jedenfalls weiß ich nichts, schon gar nichts von einem kleinen malenden Epigonen des großen Niederländers. Die Kunstgeschichte wird also auf Frau Wohlgemuths gewichtigen Leib verzichten müssen, dafür sah ich sie einmal im Original auf einem Fahrrad, auf dessen schwerem Rahmen in zartem Schriftschwung das Wort ›Gazelle‹ stand. Vermutlich weiß sie nicht einmal, dass ich schreibe, so wie ich nicht sicher bin, ob diese aufgetakelte Walküre überhaupt Frau Wohlgemuth ist oder nur eine ihrer Angestellten.

Seit ich das Fehlen meiner Bücher bemerkt habe, und ich habe es sofort bemerkt, bestelle ich alles, was ich an Büchern brauche, über das Internet.

CLAIRE BEYER

Buchhändler Rogalsky

Ich erhielt die Nachricht am frühen Vormittag. Marek Rogalsky war gestorben. Seine Frau, die ich in Gedanken immer nur die Pfefferminzdame genannt hatte, teilte mir die Nachricht in knapper Form mit und bat mich, ihm die letzte Ehre zu erweisen. Außerdem habe sie etwas für mich, das sie mir in seinem Auftrag überreichen müsse.

Ich wäre auch so gekommen. Sie beendete das Gespräch, und ich war in der Trauer über seinen Tod wie versteinert, hatte ich doch gerade in letzter Zeit oft an ihn gedacht. Unmotiviert und ohne ersichtlichen Grund waren meine Gedanken fast täglich zu ihm gewandert, zu diesem kleinen, immer dunkel gekleideten, ein wenig schief gehenden Mann, der nur einen Arm hatte, aber nicht unter seiner Behinderung zu leiden schien. Im Gegenteil. Er schaffte das Kunststück, mit der einen Hand jedes Buch an der gewünschten Seite aufzuschlagen, als hätten die übriggebliebenen fünf Finger die Fähigkeit, das Papier zu durchleuchten. Wann immer ihn jemand bat, eine bestimmte Stelle in einem Buch zu finden, drehte er sich zum Regal, griff nach dem verlangten Band, drückte ihn mit Oberarm und Ellenbogen gegen den Körper und schob den Nagel des Zeigefingers zwischen die Seiten. Stets fand er auf Anhieb den gewünschten Text. Ich gab ihm heimlich den Namen »Der Zauberer«, und bis zum heutigen Tag bleibt mir rätselhaft, wie er das machte. Jenen geheimnisvollen Nagel hatte er wachsen lassen und so bearbeitet, dass seine Spitze messerscharf war.

Daran erinnerte ich mich in diesem Augenblick, und daran, wie ich ihn kennenlernte.

Ich war zehn Jahre alt und überzeugt, über all das Bescheid zu wissen, was wichtig für mich war. Ich kannte die Tiere der Umgebung, hatte für jede noch so kleine Blume einen Namen, konnte im Schlaf die Hauptstädte der Welt aufzählen, Autos unterscheiden und wusste darüber hinaus ganz genau, wie man Jungs auf die Palme bringt. Dieses Wissen war vermutlich der Grund, weshalb ich, einmal mehr, einen von ihnen auf dem Weg zur Schule ärgerte. Ich schnappte Emil – er wurde nur »der dicke Emil« genannt – das Pausenbrot weg und warf es in hohem Bogen in den Weiher. Noch bevor er reagieren konnte, war ich im Schulgebäude verschwunden und hatte mich schutzsuchend hinter die Lehrerin gestellt. Emil sprühte vor Zorn, durfte seine Beschwerde aber nicht mehr loswerden. Es hatte schon geläutet. Während des Unterrichts spürte ich seine drohenden Blicke, blieb in den Pausen in der Nähe von Lehrern und rannte nach Schulschluss in der Hoffnung los, er käme nicht hinterher. Meiner Überlegung nach würde er unterwegs schnaubend aufgeben. Ich hatte mich getäuscht. Mit leerem Magen, aber einer gehörigen Portion Wut im Bauch, kam er näher und näher. Ich musste mit dem Schlimmsten rechnen. Den heißen Atem schon hinter mir spürend, öffnete sich in höchster Not eine Tür. Ohne zu überlegen, schlüpfte ich hinein und war in der einzigen Buchhandlung weit und breit gelandet.

Heute weiß ich, dass es Tage gibt, die vom ersten Moment an mit dem Gefühl beginnen, dass etwas Außergewöhnliches geschehen wird. Aber so ein Tag war das nicht. Hinter einem hohen Regal versteckt, lugte ich zum Eingang und sah und hörte, wie eine kleine, dunkle Silhouette mit ruderndem Arm den erschöpften Emil verjagte.

Kurz darauf schlug die Tür wieder zu, und Marek Rogalsky kam auf mich zu. Er trug ein viel zu großes, tiefblaues Jackett über einem weißen Hemd, dessen Kragen weit vom Hals abstand. Seine Haare waren mausgrau und länger, als ich sie jemals bei erwachsenen Männern gesehen hatte. Er lachte mich an, als würden wir uns schon eine Ewigkeit kennen, und bot mir an zu bleiben, bis sich der Bursche auch wirklich verzogen hätte. Ich weiß noch genau, dass er mich nicht nach dem Grund der Verfolgungsjagd fragte und wie erstaunt ich darüber war. Stattdessen bot er mir Wasser an und schob, ehe er in einer Kammer hinter den Regalen verschwand, ein Buch, das er in der einen Hand gehalten hatte, in seine Jackentasche und klopfte darauf, als wollte er sich vergewissern, dass es darin gut aufgehoben war. Das war meine erste Begegnung mit Marek Rogalsky, dem Zauberer, und sie hatte, das ist mir heute klar, mein Leben verändert.

Meine Gedanken tauchten immer tiefer in die Vergangenheit, und wie so oft erstaunte es mich auch dieses Mal nicht, dass sich die Erinnerung an jene Zeit als sicherer Ankerplatz erwies. Vielleicht hielt sie die Erstmaligkeit präsent, vielleicht die Unverbrauchtheit, vielleicht auch die lebendige Phantasie. Noch vermochte die Erfahrung nicht, ihr den Platz streitig zu machen.

Damals wollte ich gerade den Buchladen verlassen, das Wasser hatte ich hastig getrunken, als er mir zurief, er habe noch etwas für mich. Schnell drückte er mir ein schmales Comic-Heftchen in die Hand, an dessen Titel ich mich nicht mehr erinnere.

Ich weiß nur noch, es ging um einen Helden des Urwalds. Ich bedankte mich erneut und versprach, bald wiederzukommen. Mein Held für diesen Tag war bereits gefunden, auch wenn er nur einen Arm hatte. Dass ich ihm dies nicht sagte, verzieh ich dem Kind, das ich damals war, aber erschreckt stellte ich nun fest, ich hatte es auch versäumt, ihm später davon zu erzählen.

Immerhin hielt ich mein Versprechen, wenn auch nicht in den nächsten Tagen oder Wochen. Es war die frühe Nachkriegszeit, und wir Kinder hatten die Straßen und Hinterhöfe, den nahen Wald, das Flussufer, ja, einen gesamten Flussabschnitt für uns. Die Eltern hatten weder die Zeit noch die Kraft, sich um uns zu kümmern. Der Nachteil war, dass wir die jüngeren Geschwister aufgehalst bekamen, die als Klotz am Bein mehr als lästig waren, aber das ließ sich irgendwie verschmerzen. Jeder Tag war von Bedeutung, selbst wenn wir ihn nur schläfrig in der Sonne vorbeistreichen ließen, an den Zaun gelehnt, die nackten Zehen im Gras versteckt. So ganz und gar ohne Kontrolle lebten wir in einer Parallelwelt, zu der die Erwachsenen nichts beitragen konnten, so wenig wie sie Zutritt dazu hatten. Wir schufen eigene Gesetze und Hierarchien, erfanden Spiele mit von uns aufgestellten Regeln, befolgten sie ohne Murren, entdeckten Mehr- und Minderheiten und streiften alles schweigsam ab, wenn sich die Wohnungstüren hinter uns schlossen.

Die Welt der Bücher war nicht Teil unseres Tagesablaufs. Und ebendas sollte sich seit meiner Begegnung mit dem Zauberer gründlich ändern. Seine Buchhandlung war in den kleinen Räumen einer ehemaligen Druckerei untergebracht. Der Teil, der früher der Auftragsannahme diente, war zum Verkaufsraum umgestaltet worden, wodurch für die Präsentation der Bücher nur eine begrenzte Fläche zur Verfügung stand. Die meisten Titel lagerten im hinteren Teil des Gebäudes, inmitten der alten Druckmaschinen, die keiner kaufen wollte oder deren Abtransport zu teuer war. Bei Regenwetter roch es immer nach Leim und Öl und nach Mandeln. Ein Geruch, den ich, im Gegensatz zum Besitzer, sehr mochte. Wenn es regnete, riss er deshalb die Tür des Verkaufsraums auf, auch wenn er stöhnte, die Feuchtigkeit schade den Büchern und seinem Rheumatismus. Als ich ihn an einem dieser Regentage fragte, woher er eigentlich kam, antwortete er unbestimmt, er sei heimgekehrt, und ich hörte zum ersten Mal sein Lieblingszitat, das mir bis heute gegenwärtig ist:

»Ich bin zurückgekehrt, ich habe den Flur durchschritten und blicke mich um …« Ich insistierte nicht weiter, hatte schon als Kind verstanden, er mochte es nicht, ausgefragt zu werden. Ein anderes Mal sagte ich ihm, dass ich seinen Namen schön fände. Auch darauf reagierte er kaum, sah nicht einmal hoch. Schließlich murmelte er, er hätte darauf verzichten können.

Und da war die Sache mit dem Buch, das er immer bei sich trug. Er las darin oder notierte sich etwas, wenn gerade keine Kundschaft im Laden war, was häufig vorkam. Als ich danach fragte, packte er weiter unbeirrt Pakete aus oder versah die neuen Bücher mit Preisen – er schrieb die Zahlen immer mit Bleistift auf die erste Seite –, zog dann erst das kleine, schmale Büchlein aus der Tasche, beugte sich so darüber, dass ich nichts erkennen konnte, und sagte:

»Ich brauche eine Fassung für meine Gedanken. Wie jedes Bild einen Rahmen braucht oder zumindest einen haben sollte, muss ich meinen Gedanken einen festen Platz geben, ehe sie sich davonmachen. Ich bin kein Schriftsteller. Ich notiere mir nur die Worte, die ich für hell, farbig, wunderbar oder hintersinnig halte. Aber ich notiere ebenso die dunklen Fährten, die sie legen. Dafür ist dieses Buch. Es gibt genügend Sammlungen, dessen bin ich mir bewusst, aber dort stehen willkürlich ausgewählte Gedanken anderer. Ich brauche meine eigenen.

Denn ich suche in den Büchern meines Lebens zusammen. Schau dich um! Alles, was du hier siehst, nährt mein Universum. Papier verrottet, Autoren sterben, aber ihre Gedanken bleiben auf wundersame Weise erhalten. Sie sind wie eine nie verlöschende Quelle. Aber jetzt ist es Zeit für den Tee.«

Mit diesem letzten Satz beendete er jeden Monolog. Denn ein solcher war es, musste er doch davon ausgehen, dass ich nicht verstand, von was er in solchen Momenten völliger Selbstvergessenheit erzählte. Aber das kümmerte ihn nicht, und schon bald zog dieser wunderbare, einmalige Pfefferminzgeruch durch den Laden, ein Duft, wie ich ihn nur bei dem von ihm zubereiteten Getränk vernahm. Die Teeblätter brachte eine junge Frau. Sie kam einmal im Monat mit einem Korb voller Minze vorbei.

Irgendwann machte Marek Rogalsky mir das Angebot, gelegentlich für ihn zu arbeiten. Als Lohn bot er an, mir aus einer Kiste – sie stellte das Antiquariat dar – ein Buch auswählen zu dürfen. Hatte ich mich in ein neues verguckt, was hin und wieder vorkam, fand ich dieses tags darauf in der Kiste wieder.

»So neu und schon antiquarisch«, lachte er und sagte noch etwas, das so klang wie »ich hoffe, du bist schon so weit«.

Das stachelte mich an. Kaum auf dem Gehsteig, schlug ich das Buch auf, las die ersten Worte, las den ganzen Weg nach Hause, bis zu meinem Zimmer, bis zu dem alten, verschlissenen Sessel. Las die halbe Nacht und am anderen Tag, noch vor der Schule. Und während ich las, spürte ich, etwas tat sich auf, ein unbetretener Raum, ein Flur, der Durchgangsstation zu meinem Innersten wurde und mich andererseits glauben ließ, ich wäre binnen Stunden gewachsen. Ich sah keine Wände mehr, keine Fenster, bemerkte weder die Geschwister, noch hörte ich das Rufen der Mutter. Ich flog auf und davon, folgte dem Wolf in die Wälder, erlitt die Schindereien, die man ihm antat, hörte das Jaulen, fühlte mich verwundet, schließlich gerettet und geheilt. Inzwischen kannte ich mich in der Buchhandlung sehr gut aus und fand auf Anhieb alle Bücher von Jack London. Als Nächstes zog ich den *Ruf der Wildnis* hervor. Mit furchtbar schlechtem Gewissen schmuggelte ich den Roman aus dem Laden, las die ersten Worte gleich auf der Straße – eine Angewohnheit, die ich bis heute nicht abgelegt habe.

Aber als ich das Buch zu Ende gelesen hatte, wurde mir schmerzlich bewusst, dass ich, auch wenn ich es ins Regal zurückgestellt hatte, nicht darüber reden durfte. Und über das Schicksal von

Buck, dem Schlittenhund, nicht reden zu dürfen bedrückte mich sehr. Schließlich bildete ich mir ein, das Buch nie wirklich gelesen zu haben, und ich lernte meine Lektion daraus. Als er dann kurze Zeit später leichthin sagte: »Es gibt keine größere Entfernung als die zwischen zwei Köpfen«, bezog ich das Zitat sofort auf mich und fühlte mich durchschaut.

Die Zeiten wurden besser, und bald stapelten sich die Bände bis unters Dach. Romane und Gedichtbände, Reiseliteratur, Lexiken und Kinderbücher, Fachliteratur und Bildbände. Manches stammte auch aus Haushaltsauflösungen, die Kiste reichte als Antiquariat schon längst nicht mehr aus. Da kam er auf die Idee, zwischen alten und druckfrischen Büchern keinen Unterschied mehr zu machen. »Es kommt schließlich auf den Inhalt an«, antwortete er den irritierten Kunden, als sie Band für Band nebeneinanderstehend im Regal fanden. Und: »Natürlich sind abgegriffene Bände billiger, beachten Sie nur den Preis, er steht auf der ersten Seite.« Bücher, die ihm unverkäuflich schienen, schob er zwischen die Druckmaschinen, in die hintersten Ecken, oder benutzte sie als Unterlagen für wacklige Regale. Nie warf er ein Buch in den Müll. Er ging mit ihnen um wie mit lebendigen Wesen. Verschwanden Exemplare, nannte er sie seine

Phantome. Das waren in der Regel die aktuellsten. »Kaum sind sie hier, sind sie auch schon wieder fort«, war sein ganzer Kommentar.

Immer öfter beschäftigte ich mich damit, nach der Schulzeit eine Buchhändlerlehre zu machen. Doch Marek Rogalsky, dem ich all das in schillernden Farben schilderte, gefiel diese Idee zu meinem Unverständnis ganz und gar nicht. Zwar freute er sich über meinen Eifer, er warnte aber auch davor. »Viele Dinge sind's, die wir mit Heftigkeit ergreifen sollten, doch andre können nur durch Mäßigung und durch Entbehren unser Eigen werden. Erst sollst du die Welt und dann ihr Inneres sehen. Aber jetzt ist es Zeit für den Tee.«

Mit der ganzen Verzweiflung eines Kindes, das mit Verlust noch nicht umzugehen weiß, wehrte ich mich. Er aber blieb hart, und ich kam nicht mehr mit der alten Freude in seinen Buchladen. Als er mir eines Tages eröffnete, er werde heiraten und seine Frau werde mit ihm arbeiten, hatte ich mich schon von ihm entfernt. Ich vergaß sogar zu fragen, wer seine künftige Frau sei. Doch diese Frage war überflüssig geworden, denn mir stieg plötzlich Pfefferminzgeruch in die Nase, und da wusste ich es.

Ich besuchte Herrn Rogalsky seltener und blieb schließlich ganz weg. Anfangs war es wohl, weil ich enttäuscht war, und später, weil ich zu lange den Kontakt gemieden hatte und nicht wusste, wie ich das erklären sollte. Ich hatte engstirnig reagiert und wusste das ziemlich gut einzuschätzen. Mir war auch klar, was Marek Rogalsky dazu sagen würde: Er hätte mich zuerst lange angesehen, dann seinen geliebten Marc Aurel zitiert, oder wenn es ganz schlimm gekommen wäre, hätte er sich höflich nach meinem Befinden erkundigt. Das wollte ich mir ersparen.

Nur noch einmal, ich war längst erwachsen, kam ich ihm nahe. Mein Vater hatte seinen 70. Geburtstag, und ich sollte auf jeden Fall einen zweitägigen Besuch bei meinen Eltern einplanen. So ihr Wunsch. Ich fügte mich ungern, tat ihnen aber den Gefallen. Meine Besuche waren seit geraumer Zeit immer spärlicher geworden. Zwar telefonierten wir hin und wieder, aber die Entfremdung zwischen uns wuchs bei jedem Gespräch. Wir hatten einander einfach nichts mehr zu sagen, und so blieb es bei höflichen Erkundigungen und Alltagserzählungen beiderseits. Meine Geschwister waren früher angereist, und da es ein warmer und sonniger Tag war, konnten wir im Garten feiern. Ich übernachtete in meinem alten Kinderzimmer, das zum Hobbyraum meines Vaters geworden war. Er schnitzte Miniaturvögel, baute Kuckucksuhren, reparierte alles, was sich nicht mehr drehte oder nicht mehr tickte oder nicht mehr schlug. Mein Bett stand noch dort, wo es immer gestanden hatte, und auch mein Bücherregal mit Kinder- und Jugendbüchern. Ohne gewählt zu haben, nahm ich am anderen Morgen ein Buch heraus und schlug die erste Seite auf. Die Preisangabe in kleinen Bleistiftzahlen war noch immer deutlich erkennbar, ebenso der Stempelaufdruck auf einem herausnehmbaren Beiblatt: M. Rogalsky, Buchhandlung. Scham kam über mich wie eine Welle. Ob es sie noch gab? Ich würde spazieren gehen, erklärte ich meiner Mutter nach dem Frühstück, wusste aber schon, dass ich nur ein Ziel hatte: meine Buchhandlung.

Die ehemals staubige und enge Straße war verbreitert und mit neuem Belag versehen worden. Geschäfte, die mir völlig unbekannt waren, reihten sich daran entlang. In der früheren Metzgerei befand sich jetzt ein Kleiderladen des Roten Kreuzes, statt der Bäckerei fand ich einen Drogeriemarkt vor, und dort, wo wir unser Geld für Süßigkeiten ausgegeben hatten, verkaufte die Telekom ihre Handys. Nur mit größter Überwindung setzte ich meinen Weg fort. Aber meine Befürchtung traf nicht ein. Wie eh und je, allen Erneuerungen oder Veränderungen zum Trotz, fand ich den Eingang, der mir vor vielen Jahren rettende Flucht geboten hatte. Ich betrachtete die Auslage, schielte dabei aber schon auf das Schild an der Tür mit dem Namen des Inhabers und war wieder erleichtert, auch hier hatte sich nichts geändert. Marek Rogalsky. Er musste inzwischen uralt sein. Und doch berichtigte ich den Gedanken gleich wieder. Für Kinder sind alle Erwachsenen alt, egal, wie viele Jahre sie auf dem Buckel haben.

So war ich dann auch nicht allzu überrascht, als sich die Ladentür öffnete und der Buchhändler neben mich ans Schaufenster trat. Sein Gesicht, sein Haar, seine Figur, nichts schien sich verändert zu haben seit der Zeit, als ich ihn zuletzt gesehen hatte. Und ich war nicht weniger verlegen als damals bei unserer ersten Begegnung. »Aha! Haben wir ausgeschmollt?« Und dann lachte er, was sollte ich schon machen, ich lachte mit.

Er bat mich, mit ihm in den Laden zu kommen. Kaum war die Tür aufgegangen, strömte alles auf mich ein, was ich je mit der Buchhandlung verbunden hatte. Mandeln und Pfefferminze, Öl, alte Bücher, die neuen, Pakete und Leim, immer wieder Leim mit Mandelduft. Es war ein schöner, aber auch ein schmerzlicher Moment, den ich jedoch mit allen Sinnen einsog.

Die Holzregale und Auslagentische standen – ich

erinnerte mich sofort – noch immer an denselben Plätzen. Nur die Bücher waren neu. Sie wirkten mit ihren Hochglanzumschlägen in dem dunklen, von Holz und Stofftapeten bestimmten Raum wie Fremdkörper und irgendwie deplatziert. Auf meine Frage, wo denn die antiquarischen Bände geblieben seien, zuckte er mit der Schulter.

»Die Welt hat sich verändert, seit du – ich darf doch noch du sagen – zum letzten Mal hier warst. Aber nur der Form, nicht dem Inhalt nach.«

Ohne nachzudenken, fragte ich nach seinem Büchlein, und er klopfte auf die Jackentasche.

»Das ist auch so seltsam. Als ich jünger war«, sagte er, »befürchtete ich, mehrere Ries Papier beschreiben zu müssen, um all die Gedanken und Zitate zu notieren, die ich im Laufe meines Lebens als wichtig erachten würde. Aber je älter ich werde, desto weniger Seiten brauche ich. Das Leben fußt auf vereinzelten Erkenntnissen, nur die Literatur scheint unendlich zu sein. Und jetzt ist es Zeit für den Tee.«

In meinem wundervollen Buchladen war die Welt stehengeblieben, war statisch wie ein Gedicht von Benn und schön wie eine japanische Zeichnung. Während er die Minze aufbrühte, sah ich mich genauer um. Hinter diesem Regal hatte ich gesessen, als Emil mich verfolgte. Als hätte er meine Gedanken gelesen, erzählte er, die Teekanne und Tassen geschickt mit der einen Hand balancierend: »Er ist zu einem ranken und schlanken Mann herangewachsen und Zahnarzt geworden, der mit seiner Familie noch immer hier wohnt. Auf dem Hügel neben der Kirche besitzt er ein Haus, in dem auch die Praxis untergebracht ist.« Ich vernahm in dieser Äußerung jenen seltsamen Unterton, mit dem er – auch früher schon für Fremde unmerklich – seine Bedenken auszudrücken pflegte. Unvermittelt fragte er: »Na, noch immer daran interessiert, den Buchladen zu übernehmen?« Ich zögerte, antwortete ausweichend, plauderte lieber über alte und neue Zeiten, und mit dem Versprechen, mir sein Angebot zu überlegen, verließ ich den Laden.

Ich wollte gerade einen letzten Blick in die Auslagen der Buchhandlung werfen, als ich in der spiegelnden Scheibe einen Reflex wahrnahm. Das Gefühl, beobachtet zu werden, irritierte mich. Ich wandte mich um und sah auf der gegenüberliegenden Straßenseite einen Mann, der etwa in meinem Alter sein musste. Er war sportlich gekleidet, schlank, und seine Haare lagen exakt aufeinander, als hätte er sie eben gekämmt. Mit der gesamten Erscheinung wollte er so gar nicht zum dörflichen Straßenbild passen. Noch während ich ihn musterte, winkte er mir lachend zu. Sollte das wirklich der dicke Emil sein? Schon lief er über die Straße, nahm mich in den Arm und wirbelte mich herum. Ich konnte mich nur wundern. Dann erzählte er, er sei Zahnarzt geworden, ihm gehöre das große Haus an der Kirche ebenso wie das, wo der Friseur untergebracht sei, und auch der Drogeriemarkt zahle seine Miete an ihn … Ohne Punkt und Komma sprach er weiter, wollte wissen, was aus dem und jener geworden sei, stellte mir zwischendurch neue Fragen, ohne die Antwort abzuwarten, redete in einem fort. Ich wusste gar nicht, wie ich mich aus der Situation befreien konnte. War er als Junge so maulfaul gewesen, dass die Lehrer ihm jedes Wort aus der Nase ziehen mussten, hatte er als erwachsener Mann das kindliche Schweigegelübde gründlich abgelegt.

Er schien gar nicht zu bemerken, dass die Tür zur Buchhandlung aufgegangen war. Ich aber erkannte die Pfefferminzdame sofort. Sie jedoch rettete mich nicht. Ohne uns zu beachten, schwang sie sich auf ihr Fahrrad und fuhr davon. Für einen Augenblick hatte ich gehofft, Herr Rogalsky würde heraustreten, mich ein zweites Mal vor Emil schützen, mich gleich wieder mit sich hineinnehmen in seine Welt, wo sich die Worte mit dem Staub verbanden und jedes Aufwirbeln nur zur Folge hatte, dass bald alles lautlos herabfiel, und so die Ruhe nie wirklich gestört wurde. Eine wunderbare Ruhe, gleichzusetzen mit einem universalen Stillstand, der zugleich Geborgenheit und Weisheit beinhaltete.

Letztlich blieb mir keine andere Wahl, ich musste Emil stehenlassen und trat den Rückweg an.

Aber bereits damals war meine Entscheidung gefallen. Es ging nur noch darum, meinen Entschluss, die Buchhandlung nicht zu übernehmen, für mich verständlich zu machen. Ich leistete lange Widerstand gegen den Gedanken, bis ich ihn endlich zuließ: Ich konnte und wollte auf den Zauber nicht verzichten, den ich in meiner wunderbaren Buchhandlung gefunden hatte. Was mich betraf, war das längst zu einer existentiellen Frage geworden. Ich rief an, um Marek Rogalsky meine Entscheidung mitzuteilen. Er aber sagte nur: »Es eilt nicht.«

Fast ein Jahrzehnt später erreichte mich die Nachricht vom Tod des Buchhändlers.

Die Trauerfeier und anschließende Beerdigung fand an einem Freitag statt. Fast alle Einwohner des Dorfes waren gekommen. Wer fehlte, war krank oder beruflich unterwegs. In vorderster Reihe saßen die Witwe, der Bürgermeister und der Feuerwehrhauptmann in Uniform. Er war in der Buchhandlung Rogalsky Stammkunde gewesen, schon zu der Zeit, als ich dort ausgeholfen hatte. Und er war es auch, der eine kurze und berührende Rede hielt. In all den Jahren sei ihm Marek Rogalsky Freund geworden, begann er tief bewegt. Marek hätte ihm auch dann noch zugehört, wenn andere längst die Flucht ergriffen hätten. Wie solle er denn nun noch etwas finden, ohne Mareks magischen Zeigefinger. Irgendwann wollten sie gemeinsam eine Reise nach Island antreten, um ins »rote Auge« des Vulkans zu schauen. Sie hätten es zu lange hinausgezögert, und nun wäre es ja nicht mehr möglich. Also würde er alleine hinfliegen und aus der Lava einen Vulkanstein wählen, der seinem Freund angemessen sei. Das habe Marek verdient. Dann verneigte er sich vor dem aufgebahrten Sarg und nahm seinen Platz wieder ein.

Dass Marek Rogalsky Katholik gewesen war, wurde mir erst während der Trauerfeier bewusst. Ein katholischer, polnischer Deutscher oder ein deutscher, katholischer Pole. So genau wusste das keiner.

Nach der Zeremonie wartete ich am Ausgang auf Frau Rogalsky. Sie bat mich, am Abend zur Buchhandlung zu kommen.

Ich suchte eine Sitzbank oberhalb des Friedhofs auf, um in Ruhe nachdenken zu können. Ich hatte eine Ahnung, weshalb sie mich um ein Gespräch gebeten hatte. Es konnte nur um die Buchhandlung gehen. Sie wollte sie mir fraglos zum Kauf anbieten, so wie es Marek Rogalsky bei meinem Besuch vor Jahren vorgeschlagen hatte. Ich überlegte lange, wie ich an einem solchen Tag ablehnen sollte, und formte die Sätze in meinem Kopf: Frau Rogalsky, bitte verstehen Sie, dass es für mich keinen Zutritt in die Welt geben kann, die Ihr Mann geformt hat und die nur durch ihn zu dem wurde, was sie ist: meine wunderbare Buchhandlung.

Und genau so sagte ich es ihr. Unsere Begegnung fiel entsprechend kurz aus. Frau Rogalsky nahm meine Entscheidung ohne sichtbare Regung entgegen. Bevor ich mich verabschiedete, drückte sie mir ein Kuvert in die Hand. Ich nahm es dankend entgegen. Kaum auf der Straße, öffnete ich es. Eine schwarze Kladde von der Art, wie Marek Rogalsky sie immer bei sich hatte, lag darin. Noch im Gehen schlug ich die erste Seite auf. Der erste Eintrag, in feiner Bleistiftschrift geschrieben, zitierte Marc Aurel: »Entweder lebst du hier fort und bist alsdann schon daran gewöhnt, oder du ziehst von hier weg und wolltest dann eben das, oder du stirbst, und dann hast du ausgedient. Ein Viertes aber gibt es nicht. Sei also nur guten Mutes!«

Für einen Moment sah ich sein feines, spöttisches Lächeln vor mir. Ich blätterte weiter, fand darin die Sammlung seiner Gedanken, schlug das

Büchlein zu, schob es in meine Jackentasche und klopfte leicht darauf, um mich zu vergewissern, dass es dort sicher aufbewahrt lag.

TIM KROHN

Der Geruch eines Buchs

In der kleinen Buchhandlung bei mir um die Ecke saß jedes Mal, wenn ich sie betrat, eine alte, von Rachitis und Knochenschwund gekrümmte Frau auf einem Klappstühlchen, das sie selbst mitgebracht hatte. Sie hielt behutsam, als sei er eine Zuckerstange, einen Blindenstock in ihren langen, noch immer schönen Fingern und schien zu dösen. Manchmal lag auf ihren Knien auch ein Buch, doch wenn eines da lag, war es geschlossen. Die Buchhandlung war verwinkelt und weitläufig, die meisten Bücher waren antiquarisch, und manchmal war die alte Frau zwischen Regalen und Stapeln kaum zu finden.

Dennoch war sie da, wann immer ich kam, und Carlo, der Buchhändler, konnte mir auch stets sagen, wo sie saß: ob bei der europäischen Geschichte, den russischen Klassikern, dem Simenon-Regal oder den um einen alten, ausgedienten Zimmerofen gestapelten Gesamtausgaben von Heine, Swift, Grass, Virginia Woolf und Marx.

»Hat die Frau denn kein Zuhause?«, fragte ich ihn, als einmal bei uns ein Zimmer leer stand und meine Frau sich wünschte, wir würden für eine Weile einen interessanten Menschen beherbergen, der den Kindern etwas die Welt erweiterte.

Carlo sagte aber, dass die Frau in einer Altersresidenz wohne und dort auch gut aufgehoben war.

»Was tut sie denn hier den ganzen Tag?«, fragte ich. »Es sieht aus, als sei sie auf der Flucht.«

Carlo nickte. »Sie flieht in unsere Bücher«, sagte er. »Mit der Welt draußen kommt sie nicht mehr zurecht.«

»Ich sehe sie aber nie lesen«, stellte ich verwundert fest. »Sie schläft nur immer.«

Carlo lachte. »Sie hat alles schon gelesen«, erzählte er mir. »Und sie schläft nicht, sie riecht.«

Die Frau hieß Berthe von Graffenried und war lange mit einem Diplomaten verheiratet gewesen. Sie hatte in Schwarzafrika und im Ostblock gelebt, danach für lange Zeit in Kolumbien. Sie hatte ihr Leben in streng bewachten Villen verbracht, zwischen Schrankkoffern voller Bücher. Sie hatte zwei Kinder gehabt, die allerdings nicht mehr lebten, und auch ihr Mann war schon länger tot. Ihre Augen waren zu schwach, als dass sie noch hätte lesen können, doch roch sie ein Buch, schien sich in ihrem Kopf ein Türchen zu öffnen, und sie erinnerte die Literatur Flauberts, Dostojewskijs oder Prousts fast zeilengenau.

»Das heißt, sie erkennt die Bücher an ihrem Geruch?«, wollte ich mich vergewissern, weil ich mir dachte, dass man mit einer solchen Gabe berühmt werden könne.

Doch Carlos schüttelte den Kopf. »Berthe hat eine sehr feine Nase, und jedes Buch riecht für sie anders«, erklärte er mir, »aber schon zwei identische Werther-Ausgaben riechen für sie anders. Tatsächlich riecht sie nicht einen Titel, sie riecht ihre Bibliothek. Sie erkennt, ob über einem Band Tränen vergossen wurden oder Kaffee, und das erinnert sie daran, wie sie selbst in Kapstadt über Rimbauds Gedichten Tränen vergossen hat oder wie ihr Dienstmädchen in Warschau ein Tablett mit Kaffeegeschirr auf Klopstock fallen ließ. Die Namen der Autoren kennt sie nur noch selten und vermutlich auch nicht mehr alle in den Büchern verwendeten Wörter. Doch die Welt, die sich in den Texten spiegelt, sieht Berthe vor sich, als sei sie darin aufgewachsen, und wenn sie davon erzählt – was sie traurigerweise kaum noch tut –, kann man sich nichts anderes denken, als dass ihr Leben unermesslich reich gewesen sein muss.«

»Obwohl sie es wie eine Gefangene verbrachte«, sagte ich, und Carlo nickte wieder.

»Dafür hatte sie Zeit zu lesen«, stellte er fest. »Und wer kann sich das heute noch leisten.«

JÖRN BIRKHOLZ

Derangiert II

(Emden:)

»Buchholz, guten Tag …«

»Moin.«

»Moin! Ich wollte Sie nur kurz auf meinen Roman aufmerksam machen.«

»Was wollen Sie? Ich hab nicht ganz verstanden.«

»Ich wollte Sie auf meinen Roman *Derangiert* aufmerksam machen.«

»Aha, Sie haben also einen Roman geschrieben?«

»Ja.«

»Das ist schön für Sie.« *(Lacht)*

»Ja.«

»Und wie heißt Ihr Roman?«

»*Derangiert*.«

»*Derangiert*, aha. Wissen Sie, das ist das erste Mal, dass mich ein Autor persönlich anruft, und ich hab den Laden hier schon seit fünfundzwanzig Jahren.«

»Irgendwann ist immer das erste Mal.«

»Ja. *(Lacht)* Ich ruf's mal eben bei meinem Großhändler auf. *(Tippt)* O ja, da kommt was … Das ist ja'n lustiges Cover. Ein *derangierter* Marsmensch.«

»Astronaut.«

»Aha, warten Sie, ich lese mal kurz den Klappentext.«

»Ich hab Zeit.«

(Lacht) »Aha, eine *Odyssee eines namenlosen Helden,* hat der arme Protagonist nicht mal einen Namen bekommen?«

»Nein.«

(Lacht) »Was passiert denn bei den *polnischen Kettensägenmassakern*?«

»Da kommen Kettensägen zum Einsatz.«

(Lacht) »Aha, dann ist das aber kein Jugendbuch?«

»Nicht unbedingt, aber ich möchte auch niemanden bevormunden. Wenn sich ein Zehnjähriger dafür interessiert, dann soll er's ruhig lesen.«

»Mein Sohn ist achtunddreißig, wäre Ihr Buch auch was für ihn?«

»Ist er ausgeglichen und glücklich verheiratet?«

»Nein.« *(Lacht)*

»Dann vielleicht … Was macht Ihr Sohn denn so?«

»Nichts! Der hat seine Frau und seinen sicheren Job verloren, und das Einzige, was er jetzt noch konsequent macht, ist essen und vorm Computer hocken! Und dann wundert er sich, dass es mit den Frauen nichts mehr wird. Der ist ja mittlerweile aufgegangen wie ein Hefezopf, *(lacht)* will aber immer noch die hübschen schlanken Dinger haben. Ich hab ihm schon öfters gesagt, nimm dir doch 'ne Dicke, die würde jetzt auch zu dir passen, aber nein, so 'ne Pummelige kommt für meinen lieben Herrn Sohn ja nicht in Frage. Also futtert er mir regelmäßig den Kühlschrank leer und hält sich nur noch mit Sarkasmus über Wasser.«

»So, so.«

»Ja, bei Mutti ist es eben doch am besten. *(Lacht)* Gut, dass das sein Vater nicht mehr miterleben muss.«

»Ja.«

»Und, Herr Buchholz, sind Sie mit jemandem liiert?«

»Getrennt.«

»Getrennt! Na sehen Sie, wie mein Sohn, dabei waren die beiden mal so glücklich zusammen. Die Miriam war so ein liebes Mädchen. Aber der Junge hat's einfach kaputtgehen lassen. Kümmere dich um das Mädchen, vernachlässige sie nicht ständig, hab ich immer wieder gesagt, nimm nicht alles für selbstverständlich. Und was ist jetzt? Jetzt steht er da, der Herr Junggeselle, und isst seiner Mutter die

Haare vom Kopf … Aber ich plappere und plappere hier, und Sie …«

»Schon gut, kein Problem.«

»Wissen Sie was, ich bestell jetzt einfach mal Ihr Buch und geb's ihm dann zum Lesen, mal sehen, was er sagt.«

»Vielleicht keine schlechte Idee.«

»Nech. *(Lacht)* Also, ich wünsche Ihnen noch einen wunderschönen Tag und Ihnen und Ihrem Roman viel Glück.«

»Vielen Dank, Ihnen auch. Wiederhören.«

»Tschüssi.« *(Lacht)*

MADGE JENISON

Zwei Visionärinnen

Wer der erste Kunde war, der mir Geld in die Hand gedrückt hat und mit einem Buch wieder gegangen ist, weiß ich beim besten Willen nicht mehr. Ich hatte eine Heidenangst vor dem ersten Morgen. Meine Partnerin Mary musste unterrichten und konnte nicht kommen. Ein Kollege vom Washington Square Bookshop hatte versprochen, mir Gesellschaft zu leisten, doch er vergaß es. Ich kann mich an rein gar nichts erinnern, was an diesem Morgen passiert ist, außer dass die Sonne schien, ich voller Begeisterung war und die Zeit wie im Flug verging. Es war Dienstag, und wir hatten eröffnet.

Wir wussten kaum, wie uns geschah. Immer wieder sahen wir uns an, wie es vielleicht Leute tun, die gemeinsam ein Kind in die Welt gesetzt haben und sich vor Staunen darüber, dass es wächst und gedeiht, gar nicht mehr einkriegen. »Haben wir das zustande gebracht?«, fragten wir uns mehr als einmal. Ich bin nie so weit gekommen, dass es mir ganz normal erschienen wäre. Nie hat mich die Angst verlassen, dass der Laden womöglich verschwunden wäre, sowie ich um die Ecke bog, vor allem, wenn ich von einer Reise zurückkam. Nie wurde ich das Gefühl los, ich hätte ihn mir nur ausgedacht oder in einer Reisebeschreibung von Henry James darüber gelesen, oder dass ich womöglich eingeschlafen war, und gleich würde der Wecker klingeln und jemand mich ermahnen aufzustehen. Wenn ich dann von der Ecke Einunddreißigste Straße aus den Laden mit seinem Ziegeldach, dem sanft schaukelnden Schild und den pausbäckigen Engeln sah, durchzuckte mich jedes Mal eine ungläubige Freude.

Was haben wir gearbeitet! Vermutlich ist es typisch für uns beide, dass das Wort »Arbeit« in einer Anzeige zehnmal vorkam. Wir arbeiteten, wie eine Beethoven-Sonate gespielt werden muss, mit der gleichen Hingabe, der gleichen Freude, dem gleichen Gefühl von Verbundenheit zwischen dem eigenen Herzschlag und dem Rhythmus der Welt. Wir arbeiteten, bis Mary eines Tages zwei Treppen hinunterstieg, um ihre Hunde um den Block zu führen, und dann feststellte, dass sie zwar die Leine, aber keine Hunde dabeihatte. Ich adressierte einen Brief an die Romanfigur Mr. Harry Berlin, The Crescent Moon, und stieg mit Schuhen und Taftkleid in die Badewanne. Es war eine eigene Welt. Ich hatte geglaubt, dass jede von uns nur die Hälfte der Zeit im Laden sein müsse und wir in den Tagen oder Wochen dazwischen weiterhin Airedales und Kinder großziehen, tiefsinnige Kurzgeschichten schreiben, Vorträge über Kunst halten und all die anderen Dinge tun könnten, die uns am Herzen lagen. Dieser krasse Irrglaube fand ein rasches Ende, denn das A und O an einer guten Idee ist, genug Kraft für ihre Umsetzung aufzubringen.

Von Anfang an war klar, dass die meistgehandelte Ware bei uns das Gespräch sein würde. Ich redete, bis ich abends meine Zunge im Mund zur Ruhe bettete. Wenn endlich der Laden leer und die Tür verschlossen war, krempelten wir die Ärmel hoch und machten uns an die Arbeit. Ihr opferten wir unsere Tage, Nächte und Sonntage, unser Augenlicht, unsere Stimme und unsere Launen. Wir hatten weder Sekretärin noch Buchhalter. Wir hatten nichts außer einer Idee, die uns antrieb wie eine Dampfmaschine. Dorothy Straus bewunderte uns, dass wir Tausende von handgeschriebenen Werbebriefen verschickt hätten. Vermutlich stimmte das sogar. Wir warfen sie jedem nach. Wann immer wir es mit der Angst zu tun bekamen, wenn alles düster aussah, wenn uns eine Person, ein Club, eine Universität, ein Hotel, ein Büro, ein Restaurant oder ein Laden einfiel, wo dringend Bücher gebraucht wurden, wann immer wir zwanzig Minuten übrig hatten, setzten wir uns an unseren breiten blauen Tisch und schrieben einen Brief. Wir verschickten unsere Briefe an Gott und die Welt.

Fast alles, was wir in den ersten vier Jahren unternahmen, entsprang unserer Überzeugung vom hohen Stellenwert von Büchern. Sonntags setzten wir uns einander gegenüber an den Tisch und trugen Berge von Arbeit ab. Wir schrieben stapelweise Listen. Nie schlugen wir jemandem, der uns um eine Liste bat, seinen Wunsch ab. An einem Sonntag im August arbeitete ich den ganzen Tag an einer Bücherliste über die Gewerkschaftsbewegung, die eine Bekannte jemandem zur Hochzeit schenken wollte, und kam erst um 5 Uhr nach Hause. Eine seltsame Art, einen Augustsonntag zu verbringen. Mein Bruder, der als Ingenieur ein großes Büro leitete, war da. Ich brachte vor Müdigkeit fast kein Wort mehr heraus, und als wir nach dem Abendessen am Fluss saßen, fragte er mich nachdenklich: »Berechnet ihr eigentlich etwas für solche Listen?«

Ich verneinte.

»Sie verschlingen eine Menge Zeit! Alle sagen, wir könnten etwas dafür nehmen, aber das wagen wir nicht – wir wollen ja, dass die Menschen lesen, und viele würden auf Listen verzichten, die Geld kosten. Gute Taten zahlen sich bestimmt irgendwann aus. Meinst du nicht?«

»Da hast du sicher recht«, erwiderte er, »selbst wenn man die Sache ganz nüchtern betrachtet. Wenn sich erst einmal herumgesprochen hat, dass ihr euch mit Büchern auskennt, werdet ihr auch genügend davon verkaufen.«

Immer wieder habe ich erlebt, dass ich bei Tischgesellschaften jeden Banker oder Geschäftsmann mühelos mit der Geschichte unserer Finanzen fesseln kann. Unsere Finanzen waren sagenhaft. Man empfahl uns, eine Aktiengesellschaft zu gründen und Aktien zu verkaufen, eine Idee, die wir begeistert aufnahmen. Uns gefiel alles daran: das Gesellschaftssiegel, das Aktienbuch und unsere Unterschriften über imposanten Titeln. Unser Startkapital betrug 2500 Dollar. Es war weiß Gott kein Kinderspiel, mit dieser Summe in New York City ein Geschäft zu gründen. Außerdem stand das Land kurz davor, in den Krieg einzutreten – eine ungünstige Zeit. Doch wir waren beide von Haus aus risikofreudig, sonst hätten wir es wohl nie geschafft. Unabhängig voneinander hatten wir bereits so manches gewagt und waren immer weich gelandet. Der Laden bewies mir vor allem, wie wertvoll Lebenserfahrung ist. Sie nützt einem in jeder Hinsicht. Man ist zwar noch kein Experte, doch man wird schneller einer.

Etwa einen Monat nach der Eröffnung kam eines Spätnachmittags Mary herein. Sie hatte eine Lehrveranstaltung gehalten und war auf dem Weg zur Buchhandlung kurz bei der Bank vorbeigegangen. Der Laden war voller Menschen. Sie steuerte schnurstracks auf mich zu und drückte mir einen Zettel in die Hand. Ich las ihn, während ich einem hochgewachsenen jungen Mann lauschte, der mir seine Meinung über die russische Seele kundtat. Auf dem Zettel stand: »Kontostand 37 Cents«. Wir sahen uns einen Moment lang an und verkauften dann weiter Bücher. Im Juli und August begannen einige Verlage, uns sogenannte Sichtwechsel zu schicken. Ich hatte noch nie einen Sichtwechsel gesehen, und als der Bote den ersten brachte, zitterte ich wie Espenlaub. Der Bote wartete offenbar auf irgendetwas, und so fragte ich die Männer im benachbarten Antiquitätengeschäft um Rat. Ich erkundigte mich, was man bei Sichtwechseln unternehmen müsse. »Gar nichts«, erwiderten sie. »Ignorieren Sie sie einfach.« Also ignorierten wir sie. Vermutlich nahm unsere Kreditwürdigkeit bei den Verlagen ab. Ein Kreditgeber schrieb mir, wenn ich ihm nur mitteilen wollte, was wir zu tun gedächten, ließe er gerne mit sich reden. Ich hatte keine Ahnung, was ich zu tun gedachte. Ich saß tief in der Tinte, und das musste sich ändern. Es raubte mir bereits den Schlaf. Immer wieder fassten wir uns an den Kopf, um uns zu vergewissern, dass alles noch an Ort und Stelle war.

Im ersten Jahr setzten wir das Fünffache unseres Kapitals um: 12 192 Dollar und nicht 20 000 Dollar, was unser Soll gewesen wäre. Im zweiten Jahr kamen wir auf 12 874, im dritten waren es 18 259, im vierten 37 782, und am Ende des fünften fast 70 000 Dollar. Wir ließen Vorzugsaktien im Wert von 3000 Dollar ausstellen, die wir verkauften, und Stammaktien im Wert von 2000 Dollar, die wir behielten. Nach Ablauf des vierten Jahres verkauften wir die Hälfte dieser Stammaktien für 10 000 Dollar.

Natürlich war unser Kapital zu gering, doch wir machten weitaus weniger Fehler, als wir vermutlich gemacht hätten, wenn es größer gewesen wäre. Vielleicht war es wie so oft »das Defizit, das uns rettete«. In meinen Augen war es eher eine Art Musterbeispiel. Jedenfalls haben wir das Ganze unter großen Schwierigkeiten in Angriff genommen – und es hat geklappt. Wenn man so etwas anfängt, lässt man es nicht scheitern. Es ist zu wichtig. Und das beste Heilmittel besteht darin, Bücher zu verkaufen.

An einem deprimierenden 12. Juli im ersten

Sommer betrug die Summe der Verkäufe lediglich 2,50 Dollar. Aber am nächsten Morgen lag in der Post eine Bestellung über 150 Dollar. An einem schicksalhaften Tag im selben Sommer stand das Thermometer bei 36 Grad, und wir verkauften kein einziges Buch. Es ist unfassbar, dass der Verkauf von ein paar Büchern zwei gestandenen Frauen wie uns derart viel bedeutete.

Eines Tages werde ich Erde sein, und Gras wird auf mir wachsen, doch ich werde niemals den 15. Januar nach unserem ersten Weihnachtsgeschäft vergessen. Nichts auf der Welt übertrifft die Schlacht, die sich in den zwei Wochen vor Weihnachten in einer Buchhandlung abspielt. Es gibt ganze Tage, an denen man weder isst noch trinkt. Es ist, als wäre man die Mutter von zehntausend Kindern, die alle auf einmal auf einen einstürmen, weil sie Kekse haben und ihre Fäustlinge trocknen lassen wollen. Man schätzt, dass ein Viertel des Jahresumsatzes einer Buchhandlung auf den Dezember fällt. Im ersten Jahr kam es uns so vor, als hätten wir im Weihnachtsgeschäft eine Million Bücher verkauft und als müssten bei der Abrechnung ein paar tausend Dollar über der heillosen Kassenschwindsucht liegen. Ich hatte mir angewöhnt, am ersten Sonntag nach dem 15. eines jeden Monats alle Verlagsrechnungen auf der Chaiselongue auszubreiten, auf der ich früher herrliche Bücher gelesen hatte, und jede Rechnung, so gut ich konnte, zu entschärfen. Den gesamten 15. Januar 1917 verbrachte ich damit, die Rechnungen und unsere Einnahmen zu überprüfen.

»Ach, wie schlug das Herz der Hoffnung so heiß in mir.« Doch als Elektras Ausruf in mir verklungen war und ich die beiden Zahlenkolonnen zusammenzählte, bekam ich sogleich einen Dämpfer: Wir lagen trotz allem mit 4000 Dollar im Rückstand. Mir wurde ganz schlecht. Ich musste zu einem Abendessen, wo man mich auslachte, weil ich so bleich und erschüttert aussah.

Allein hätte ich das nie durchgestanden. Ich kann nur jedem davon abraten, eine so gefährliche Reise ohne Begleitung anzutreten. Nie werde ich meiner Partnerin vergessen, dass sie mir damals als Kampfgefährtin zur Seite gestanden hat. War eine von uns niedergeschlagen, blieb stets die andere guter Dinge. Ich war ihr dankbar für ihren Heldenmut, für ihre unermüdliche Antriebskraft und sogar für ihre Schönheit. Wenn ich im Laden zu ihr hinüberschaute und ihren herrlichen Kopf mit den darum gewundenen Zöpfen betrachtete, der Simonetta in Botticellis Frühlingsallegorie ähnelte, ging es mir gleich besser. Wir hatten die Buchhandlung, weil wir das Leben liebten. Das war am Anfang so und am Ende nicht minder.

Unsere Stärke war, dass wir eine Vision hatten. Wir waren davon überzeugt, dass alles von der Kraft der Gedanken abhängt. Buchhandlungen machen diese Gedanken zugänglich und sind sogar wichtiger als Universitäten, Schulen und öffentliche Bibliotheken, weil sie als Teil der Geschäfts- und Arbeitswelt ein erwachsenes Publikum ansprechen. Ich dachte viel über unseren Laden nach. Ich versuchte, unsere Vision mit der Realität in Einklang zu bringen. Jeden Morgen auf dem Weg zur Arbeit hatte ich eine neue Idee für den Laden. Wenn Buchhandlungen sich nicht rentierten, so deshalb – davon waren wir überzeugt –, weil es an Einfallsreichtum fehlte und das Personal nicht sachkundig oder professionell genug war.

*

Nie machten wir etwas so, wie es sich eigentlich gehört. Manchmal kam ich mir vor wie ein Kleinkind mit einem Ball – als würden wir jede Idee einmal aufwerfen und dann wieder fallen lassen. Doch wir setzten eine ganze Menge von dem um, was wir uns vornahmen. Es war verblüffend, wie sehr sich alles so entwickelte, wie wir es geplant hatten. Immer wieder bestaunte ich das Wunder, das sich vor meinen Augen abspielte, ohne dass auch nur ein Detail unserer Vision gefehlt hätte. Wahrscheinlich ist im Grunde alles leichter zu bewerkstelligen, als wir denken.

Das Geheimnis unseres Erfolges war, dass wir die Buchhandlung zu einem magischen Ort machen wollten, der sich von anderen abhob und in dem schon der Kauf eines Buches zu einem aufregenden Erlebnis wurde. Das war von Anfang an unser Ziel, und je mehr wir uns in die Idee vertieften, desto mehr traf es zu. Die farbliche Gestaltung des Raums bildete den Auftakt. Später ließen wir uns in bester Absicht ungewöhnliche Geschenkverpackungen einfallen, die so beliebt wurden, dass sie sich als Fluch für uns erwiesen. Vielleicht werde ich nie wieder ein Stück rotes Seidenpapier von einem Tisch flattern sehen können, ohne dabei leichte Übelkeit zu empfinden. Man sagt ja immer, dass Macht auf Persönlichkeit beruht, und wir versuchen zu beweisen, dass das nicht nur ein schöner Spruch ist, sondern eine Tatsache, mit der man Bücher verkaufen kann.

Und so wurde der Laden – nicht weil wir uns das so ausgemalt hatten, sondern weil Bücher zu verkaufen einfach etwas Persönliches ist – zu einem sehr persönlichen Ort. Nie wiesen wir jemanden ab, der etwas von uns wollte. Wenn sich ein Junge erkundigte, ob wir ein Zimmer in Südlage für seine Schwester wüssten, oder wenn jemand fragte, ob wir Musikunterricht für einen Jungen vermitteln könnten, der Geige spielte und dessen Vater Kellner im Biltmore war, oder ob wir einen Tierarzt für Madame Pawlowas Hund empfehlen könnten, oder wo man Pfaueneier kaufen könne, oder ob wir den Laden für eine Vortragsreihe über libertäre Pädagogik zur Verfügung stellen würden oder einen Namen für ein Restaurant an der Columbia-Universität wüssten, oder wenn eine Frau mit uns über ihr Leben sprechen wollte – wir sagten immer ja.

Einmal hielt sich eine kleine Frau einen ganzen Samstagnachmittag im Laden auf und konnte sich nicht entscheiden, ob sie ein französisch-englisches Wörterbuch zu 50 Cents für ihren Sohn kaufen sollte, der am nächsten Tag mit seiner Einheit nach Frankreich auslaufen sollte. Es war ein schlimmer Nachmittag. Sie erzählte uns eine Menge über ihn, unter anderem, wie er als Baby gewesen war. Sie weinte, und wir weinten. Zu guter Letzt ging sie ohne das Wörterbuch, weil sie glaubte, sie habe noch eines ganz unten in ihrer Truhe, und wenn dem so wäre, erklärte sie, dann wolle sie kein zweites kaufen. Am Montagmorgen kam sie wieder und erzählte uns, dass es doch nicht in der Truhe gewesen sei. Sie hatte das ganze Telefonbuch auf der Suche nach unseren Namen durchgeblättert, weil sie wusste, wenn sie uns fand, würden wir in den Laden kommen und ihr das Wörterbuch rausgeben. Ich musste schmunzeln, als ich mir vorstellte, wie Brentano's oder Scribner's am Sonntagmorgen aufmachten, um ein Wörterbuch für 50 Cents zu verkaufen. Aber natürlich ging es hier weniger um Sonntagsverkäufe als um Söhne.

Unsere Bestellbücher waren immer voll, und alle halfen uns. Der Laden war ein Teil des Lebens, das um ihn herum pulsierte. Einige fragten uns, ob sie Aktien von uns kaufen sollten. Andere fuhren Lieferungen in ihren Autos aus, schrieben ihre Bestellungen selbst und verpackten ihre Bücher eigenhändig. An einem feuchtkalten 23. Dezember kam gegen halb neun eine Frau herein, die wehmütig seufzte, dass wir bestimmt viel Freude an unserer Arbeit hätten und jeden Abend mit dem Gefühl nach Hause gingen, eine ganze Menge Menschen ein wenig froher gemacht zu haben. Das konnte ich bestätigen.

»Ich bin eines dieser armen Wesen, für die sich wahrscheinlich auf der ganzen Welt kein Mensch wirklich interessiert«, sagte sie.

Ich erwiderte forsch, dass ich mich durchaus für sie interessieren könnte.

»Dann rufe ich jetzt schnell meinen Mann an«, erklärte sie. Als sie zurückkam, legte sie Hut und Mantel ab und packte den ganzen Tag lang in einem muffigen Lagerraum Pakete. Ich hatte sie nie zuvor gesehen und sah sie auch danach nie wieder. Immer wenn ich an ihr vorbeieilte, sagte ich: »Das ist für Madame Guilbert« oder »Das ist für die Gräfin von Aberdeen«, und ihr Gesicht glühte, als wäre sie gerade neu geboren. Um die Mittagszeit ging sie kurz weg und kaufte uns eine große Schere und den richtigen Pinsel für unseren Kleistertopf.

»Zählt eure Löffel nach«, riet uns jemand. Sie waren noch alle da.

Wir wiesen nie jemanden ab, der oder die bei uns mitarbeiten wollte. Im Winter 1919/20 hatten wir acht unbezahlte Aushilfen – allesamt Frauen aus gehobenen Kreisen. Sie verkauften Bücher im Wert von Tausenden von Dollars für uns. Sie sortierten Rechnungen, fegten Fußböden und übernahmen Botengänge. Manchmal machten sie auch alles richtig.

HELENE HANFF

Bücherbrieffreundschaft

14 East 95th St.
New York City
5. Oktober 1949

Marks & Co.
84, Charing Cross Road
London, W. C. 2
England

Sehr geehrte Herren!

Ihrer Anzeige in der *Saturday Review of Literature* entnehme ich, dass Sie auf Bücher spezialisiert sind, die nicht mehr lieferbar sind. Die Bezeichnung »Antiquariat« erschreckt mich ein wenig, da ich »antik« mit »teuer« gleichsetze. Ich bin eine arme Schriftstellerin mit einer Vorliebe für antiquarische Bücher, und all die Dinge, die ich haben möchte, bekomme ich hier nur in sehr teuren, seltenen Ausgaben oder in mit Anmerkungen vollgekritzelten Schulausgaben von Barnes & Noble, die im Preis heraufgesetzt sind.

Ich füge eine Liste bei mit meinen dringendsten »Problemen«. Falls Sie guterhaltene gebrauchte Exemplare von irgendeinem der Bücher auf der Liste haben und diese nicht mehr als 5 Dollar pro Stück kosten, würden Sie bitte diesen Brief als Bestellung auffassen und mir die Exemplare zusenden?

Hochachtungsvoll
Ihre Helene Hanff
(Fräulein Helene Hanff)

Marks & Co. – Buchhandlung
84, Charing Cross Road
London, W. C. 2
25. Oktober 1949

Fräulein Helene Hanff
14 East 95th Street
New York 28, New York
USA

Sehr geehrte Madam!

In Beantwortung Ihres Briefes vom 5. Oktober ist es uns gelungen, zwei Ihrer drei »Probleme« zu lösen. Die drei Essays von Hazlitt, die Sie wollten, sind in der Nonesuch-Ausgabe seiner *Ausgewählten Essays* enthalten, und der Stevenson-Aufsatz findet sich in den *Virginibus Puerisque*. Wir senden Ihnen von beiden guterhaltene Exemplare als Büchersendung und setzen darauf, dass diese Sie wohlbehalten und rasch erreichen und Sie daran Freude haben. Unsere Rechnung legen wir den Büchern bei.

Mit den Essays von Leigh Hunt wird es etwas schwieriger werden, aber wir kümmern uns darum, einen schönen Band aufzuspüren, der alle enthält. Die von Ihnen beschriebene lateinische Bibel haben wir nicht, doch wir verfügen über ein Neues Testament in Latein und eines in Griechisch, beide gewöhnliche, moderne Leinenausgaben. Hätten Sie daran Interesse?

Mit ergebenen Grüßen
FPD
Im Auftrag von MARKS & CO.

14 East 95th St.
New York City
3. November 1949

Marks & Co.
84, Charing Cross Road
London, W. C. 2
England

Sehr geehrte Herren!

Die Bücher sind wohlbehalten angekommen; die Stevenson-Ausgabe ist so schön, dass sie mein Bücherregal aus Orangenkisten beschämt. Ich fürchte mich fast davor, solche schweren cremefarbenen Velinseiten anzufassen. Da ich an das kalte weiße Papier und an die steifen Pappumschläge amerikanischer Bücher gewöhnt bin, wusste ich gar nicht, was es für eine Freude sein kann, ein Buch zu berühren. Ein Brite, dessen Tochter über mir wohnt, übersetzte die 1 Pfund 17 Shilling und 6 Pence für mich und meinte, ich sei Ihnen 5,30 Dollar für die beiden Bücher schuldig. Ich hoffe, dass das stimmt. Ich lege eine 5- und eine 1-Dollar-Note bei; verrechnen Sie die 70 Cents mit dem Preis für die Ausgaben des Neuen Testaments, die ich beide haben möchte.

Wären Sie so freundlich und würden mir Ihre Preise umrechnen? Ich habe schon Schwierigkeiten mit rein amerikanischen Additionen, und mir steht kein Gebet zur Verfügung, um jemals zweisprachige Arithmetik-Aufgaben zu lösen.

Mit freundlichen Grüßen
Ihre Helene Hanff

Ich hoffe, dass »Madam« bei Ihnen nicht das Gleiche wie bei uns bedeutet.

Marks & Co.
84, Charing Cross Road
London, W. C. 2
9. November 1949

Fräulein Helene Hanff
14 East 95th St.
New York 28, New York
USA

Sehr geehrtes Fräulein Hanff!

Ihre sechs Dollar sind sicher bei uns eingetroffen, doch es wäre uns viel angenehmer, wenn Sie in Zukunft postalische Überweisungen vornehmen würden, da dies für Sie wesentlich sicherer wäre, als der Post Geldscheine anzuvertrauen.

Wir freuen uns sehr, dass Ihnen die Stevenson-Ausgabe so gut gefällt. Die beiden Editionen des Neuen Testaments haben wir auf den Weg gebracht, versehen mit einer Rechnung, die den Betrag sowohl in Pfund als auch in Dollar ausweist, und wir hoffen, dass Sie zufrieden sein werden.

Mit freundlichen Grüßen
FPD
Im Auftrag von MARKS & CO.

14 East 95th St.
25. März 1950

Frank Doel, was TUN Sie eigentlich da drüben?? Sie tun gar NICHTS, Sie sitzen nur HERUM!

Wo bleibt Leigh Hunt? Und wo die *Oxford Gedicht-Anthologie*? Wo bleibt die Vulgata und wo der liebe, vertrottelte John Henry? All das wäre eine so nette, aufbauende Lektüre für die Fastenzeit gewesen ... und Sie schicken mir absolut nichts!

Sie lassen mich hier sitzen und lange Randbemerkungen in Bibliotheksbücher schreiben, die mir nicht gehören. Eines Tages wird das herauskommen, und sie werden mir den Bibliotheksausweis wegnehmen.

Ich habe mit den Osterhasen eine Abmachung getroffen, Ihnen ein Ei zu bringen. Er wird herüberkommen und feststellen, dass Sie an Untätigkeit verstorben sind. Für den nahenden Frühling brauche ich unbedingt einen Band mit Liebesgedichten. Keinen Keats oder Shelley!

Schicken Sie mir Dichter, die Liebe machen können, ohne zu sabbern – Wyatt oder Jonson oder irgendeinen anderen ... Denken Sie sich selbst etwas aus. Einfach ein schönes Buch, schmal genug, um in eine Anzugtasche gesteckt und in den Central Park mitgenommen zu werden.

Also, sitzen Sie nicht nur herum! Spüren Sie es auf! Es ist mir wirklich ein Rätsel, wie dieser Laden existieren kann.

Marks & Co.
84, Charing Cross Road
London, W. C. 2
7. April 1950

Fräulein Helene Hanff
14 East 95th St.
New York 28, New York
USA

Sehr geehrtes, liebes Fräulein Hanff!

Ich habe für das willkommene Osterpaket zu danken, das gestern unbeschadet ankam. Wir waren sehr erfreut über die Dosen und die Schachtel mit frischen Eiern; alle meine Kollegen schließen sich meinem Dank an Sie dafür an, dass Sie so freundlich und großzügig an uns gedacht haben.

Es tut mir leid, dass wir Ihnen keines der erwünschten Bücher schicken konnten. Was die Liebesgeschichte angeht, so bekommen wir ab und zu einen Band der Art, wie Sie sie beschreiben. Am Lager haben wir zurzeit keinen, aber wir werden Ausschau halten nach einem für Sie.

Nochmals vielen Dank für das Paket.

Mit freundlichen Grüßen
Frank Doel

14 East 95th Street
15. Oktober 1950

AUFGEPASST!

Ich will IHNEN, Frank Doel, nur eines sagen: Wir leben in verkommenen, zerstörerischen und degenerierten Zeiten, wenn eine Buchhandlung – eine BUCHHANDLUNG – damit anfängt, schöne alte Bücher auseinanderzureißen, um sie als Einpackpapier zu verwenden. Ich sagte zu John Henry, als er ausgewickelt war: »Hätten Sie das für möglich gehalten, Eminenz?«, und er verneinte. Sie haben das Buch mitten in einer großen Schlachtszene auseinandergerissen, und ich weiß nicht einmal, um welchen Krieg es sich handelt.

Der Newman kam vor knapp einer Woche, und allmählich beginne ich mich zu erholen. Ich beließ ihn die ganze Zeit auf dem Tisch neben mir; ständig hörte ich mit dem Schreiben auf, langte hinüber und berührte ihn. Nicht weil es eine Erstausgabe ist – ich habe niemals zuvor ein so schönes Buch gesehen. Irgendwie fühle ich mich schuldig, es zu besitzen. Das schimmernde Leder, die Goldprägung, die schöne Schrifttype, all das gehört in die kieferngetäfelte Bibliothek eines englischen Landhauses. Gelesen werden muss es bei Kaminfeuer in einem Ledersessel – nicht auf einer Secondhand-

Couch eines Einzimmerlochs in einem heruntergekommenen Sandsteinhaus.

Ich will die Q-Anthologie haben, bin mir aber nicht mehr sicher, was sie kostet, weil ich Ihren letzten Brief verloren habe. Es waren, glaube ich, zwei Dollar, ich lege zwei Dollarnoten bei, wenn ich Ihnen mehr schulde, lassen Sie es mich wissen.

Warum wickeln Sie die Bücher nicht in Seiten aus dem Vorwort ein, so dass ich zumindest herausfinden kann, wer die Schlacht gewann und welcher Krieg es war?

HH

P.S.: Haben Sie Sam Pepys' *Tagebücher* da? Ich brauche sie für die langen Winterabende.

Marks & Co.
84, Charing Cross Road
London, W. C. 2
1. November 1950

Fräulein Helene Hanff
14 East 95th St.
New York 28, New York
USA

Liebes Fräulein Hanff!

Es tut mir leid, dass sich meine Antwort auf Ihren Brief verzögert hat, doch ich war etwa eine Woche lang nicht in der Stadt und bin nun eifrig dabei, meine Korrespondenz abzuarbeiten.

Zuallererst machen Sie sich bitte keine Gedanken darüber, dass wir alte Bücher wie Clarendons *Rebellion* als Einpackpapier verwenden. In diesem speziellen Fall handelte es sich um zwei Restexemplare mit abgerissenen Umschlägen, für die uns niemand, der bei Verstand ist, einen Schilling gegeben hätte.

Quiller-Couchs Sammelband *The Pilgrim's Way* ist an Sie als Büchersendung abgegangen. Zu zahlen waren dafür 1,85 Dollar, die Ihre zwei Dollar mehr als ausreichend abdecken.

Von Pepys' *Tagebüchern* haben wir gegenwärtig kein Stück am Lager, doch wir werden uns nach einem für Sie umsehen.

Mit besten Wünschen
Ihr
F. Doel
Im Auftrag von MARKS & CO.

Hinter den Kulissen
London
10. September 1951

Meine Beste!

Das ist der reizendste alte Laden, gerade so, als wäre er einem Dickens entsprungen. Du würdest darüber völlig aus dem Häuschen geraten.

Draußen sind Auslagen, und ich hielt inne und blätterte ein paar Sachen durch, um mich als Schmökerer auszuweisen, ehe ich den Laden betrat. Drinnen ist es düster; man riecht den Laden, bevor man ihn sieht. Es ist ein herrlicher Geruch, den ich nicht einfach in Worte fassen kann, doch er verbindet den Geruch von Most, Staub und Alter mit dem von Holzregalen und Parkett. Am Ende des Geschäfts steht ein Schreibtisch mit einer Arbeitslampe darauf. An dem sitzt ein Mann, um die fünfzig, mit einer Hogarth-Nase, der aufblickt und »Guten Tag!« wünscht in einem Dialekt der nördlichen Provinz. Ich sagte, dass ich nur schmökern wolle, und er forderte mich auf, das zu tun.

Die Regale gehen ins Unermessliche. Sie reichen bis zur Decke und sind sehr alt und von einem Grau, das nach alter Eiche aussieht, die im Laufe der Jahre so viel Staub geschluckt hat, dass sie ihre ursprüngliche Farbe verloren hat. Es gibt eine

Abteilung mit Drucken oder besser: einen langen Tisch mit Drucken, mit Cruikshank und Rackham und Spy und all diesen wundervollen englischen Karikaturisten und Illustratoren, über die ich – weil ich nicht klug genug bin – nicht viel weiß, und darüber hinaus hat es schöne, sehr alte Magazine mit Illustrationen.

Ich blieb über eine halbe Stunde, in der Hoffnung, dass Dein Frank oder eines der Mädchen auftauchen würde, doch ich war ganz allein, als ich hineinging. Ich vermute, dass sie alle zu Tisch waren, und ich konnte nicht länger bleiben.

Wie Du siehst, sind die Besprechungen nicht sensationell, doch man sagte uns, sie seien gut genug, um eine Spielzeit von einigen Monaten zu garantieren. So machte ich mich gestern auf Wohnungssuche und fand ein nettes, kleines möbliertes Zimmer in Knightsbridge. Ich habe die Adresse nicht hier, ich werde sie Dir schicken, oder Du kannst meine Mutter anrufen. Mit der Lebensmittelversorgung haben wir keine Probleme, wir essen in Restaurants oder Hotels, die besten Häuser wie das Claridge bekommen Roastbeef und Kotelett, so viel sie wollen. Die Preise sind astronomisch, aber der Wechselkurs ist so günstig, dass wir es uns leisten können. Wäre ich Engländer, würde ich uns hassen, doch stattdessen sind sie ganz wunderbar zu uns, wir werden zu jedem nach Hause und in seine Klubs eingeladen. Das Einzige, was wir nicht bekommen können, sind Zucker und Süßigkeiten irgendeiner Art, wofür ich Gott persönlich danke, denn ich beabsichtige, hier zehn Pfund abzunehmen.

Schreib mir.

Alles Liebe
Maxine

PETRA HARTLIEB

Weihnachtsgeschäft

Der Umbau bietet die Möglichkeit, ein paar von unseren absurden Ecken aufzulösen und so etwas wie richtige »Abteilungen« zu schaffen. Auch die Bodenhaltung von Büchern gehört der Vergangenheit an, es gibt jetzt ein riesiges Möbelstück – von uns liebevoll der »Sarg« genannt –, auf dem sich die Neuerscheinungen stapeln, und wir merken, dass die meisten Kunden nach anfänglichem Zögern gerne auch alleine nach Büchern suchen, die Klappentexte durchlesen und einfach mal ein bisschen selbständiger ihre Auswahl treffen. Wir müssen nicht mehr für jedes Buch durch den ganzen Laden laufen und jede Geschichte von vorn bis hinten erzählen, und das entspannt alle Beteiligten.

Anscheinend hat sich schnell rumgesprochen, dass es bei uns jetzt ein bisschen mehr Platz gibt, denn im nächsten Weihnachtsgeschäft kommen tatsächlich noch mehr Kunden. Der Laden ist von neun bis achtzehn Uhr voller Menschen, denen es nichts auszumachen scheint, dass es eng ist, dass sie in der Schlange stehen müssen, dass wir nur eine Kasse haben und dass keinerlei Anonymität besteht. Jeder bekommt mit, was der andere kauft, und nicht selten erzählen wir jemandem ein Buch nach, die anderen hören mit und kaufen es auch. Manche Kunden kommen miteinander ins Gespräch, empfehlen sich gegenseitig Bücher, und als die nette Frau L. ein Kochbuch durchblättert, das der Herr Primar auch möchte, schlage ich vor, dass sie das einzige Exemplar gemeinsam kaufen. Er ist ein bisschen enttäuscht, als er erfährt, dass Frau L. verheiratet ist und vier Kinder hat. Wir bekommen immer wieder Schokolade und selbstgebackene Kekse von Kundinnen vorbeigebracht, diejenigen, die am Samstag nach dem Markt zu uns kommen, bringen auch schon mal Blumen und Obst oder eine Flasche Wein mit. Irgendwann hat Evas Mama bei uns zu arbeiten begonnen, sie war dreißig Jahre lang Hausfrau und Mutter, bevor sie mit weit über sechzig bei uns eine Arbeit angenommen hat. Unterm Jahr macht sie die Ablage, packt aufgerissene Bücher wieder in Folie, und im Dezember steht sie im Hinterzimmer und verpackt jeden Tag Dutzende Bücher in Weihnachtspapier. Und einmal in der Woche kocht sie für alle einen Topf Kartoffelgulasch.

Unser größtes Problem im Weihnachtsgeschäft: Wir machen zu viel Umsatz auf zu wenigen Quadratmetern. Das heißt schlicht und einfach, dass wir an einem Tag so viele Bücher verkaufen, die wir nur ein- oder zweimal dahaben, dass wir immer sofort wieder nachbestellen müssen. Die drei Lieferanten bringen täglich mannshohe Türme, die dann, inklusive der Kundenbestellungen, übernommen und zugeordnet werden müssen. Wir versuchen das irgendwie tagsüber zu erledigen, doch immer wenn Oliver am Abend aus dem Büro nach Hause kommt, ist der Stapel nicht wirklich kleiner geworden. Er steht täglich bis weit nach Mitternacht im Hinterzimmer, hört Hörspiele von Thomas Mann oder Heimito von Doderer und packt Bücher aus. Ich habe das Privileg, meinen Arbeitstag um neunzehn Uhr zu beenden, denn ich muss am nächsten Tag wieder gut drauf sein, unzählige Geschichten erzählen und dabei Spaß haben. Diese Abende im Dezember sind die einzige Zeit im Jahr, in der ich glücklich bin über fünfunddreißig Fernsehprogramme, in denen nur Schwachsinn ausgestrahlt wird. Diese und ein paar Gläser Rotwein garantieren so halbwegs, dass ich ohne Tinnitusgeräusch einschlafen kann und nicht dauernd überlege, für welchen Kunden ich welches Buch zu bestellen vergessen habe.

Wenn uns zwanzig Menschen gegenüberstehen, die alle sofort drankommen möchten, keiner möchte warten, aber alle wollen individuelle Beratung, dann laufen wir zur Hochform auf, denn wenn wir den Humor verlören, würden wir uns sofort irgendwo verkriechen und auf der Stelle einschlafen. Die meisten Kunden sind geduldig, und auch wenn man warten muss, ist es bei uns nicht langweilig: Ganz unabhängig von den vielen Büchern, die man entdecken könnte, ohne sie gesucht zu haben, ist hier immer ein wenig Kino. Unser Geschäft ist kein sakraler Tempel der schönen Künste, sondern ein Platz, an dem laut gerufen und gelacht wird, wo wir uns Buchtitel über die Köpfe der Leute hinweg zurufen, nicht selten von der erhöhten Position auf der Leiter herab.

»Wo liegt denn die Nöstlinger?«

»Ist der *Bernsteinhase* schon wieder nachbestellt?«

»Hast du die Partie ergänzt von dem Millionärsbuch?«

»Gibt es noch einen signierten Kehlmann?«

»Weiß jemand, welcher Typ letzte Woche bei der Stöckl zum Frühstück war?«

Und wenn sich doch mal jemand beschwert, dass es so lange dauert bei uns, dann löst sich die Situation meist von selbst, wir müssen gar nichts sagen, denn dann beginnen die übrigen Kunden zu lachen, und die Ungeduldigen sind die Angeschmierten. Nur manchmal wissen wir nicht, ob wir lachen oder weinen sollen, wenn sich jemand vor den Tresen stellt und sagt: »Ich hab gestern ein Buch bestellt. Ist es schon da?« Ohne Namen, ohne Buchtitel, einfach so. Bei ungefähr dreihundert Bestellungen am Tag könnte man sich das eigentlich schon merken, und manchmal ist auch jemand wirklich sauer, weil wir ein zwei Jahre altes Wirtschaftsbuch nicht lagernd haben. Die meisten jedoch sind begeistert, dass wir alles haben und fast alles finden, auch wenn es mitunter etwas dauert. Wenn das Warenwirtschaftssystem ein Exemplar im Bestand anzeigt und es nicht da steht, wo es stehen sollte, dann sucht die gesamte Belegschaft und nicht selten auch die Kunden, bis es gefunden ist. Meist findet es die jüngste Mitarbeiterin, von uns inzwischen »Trüffelschwein« genannt. Sie wirft einen Blick auf die Coverabbildung im Computer, klettert dann zielstrebig und meist schweigend auf die Leiter und zieht das gesuchte Buch aus dem Regal.

Und jedes Jahr am 23. Dezember falle ich fast auf die Knie vor lauter Glück, weil es fast vorbei ist und wir das kleine Häuschen auf dem Land haben, in das wir nun immer am 24. Dezember fahren. Abfahrt: 24. Dezember um 15 Uhr 22, Franz-Josefs-Bahnhof. Was für eine gute Entscheidung, dieses Haus zu erstehen, und was für eine gute Entscheidung, mit zwanzig einen Sohn zu bekommen, der inzwischen so groß ist, dass er wieder Lust hat, mit seinen Eltern Weihnachten zu feiern, und einen Führerschein besitzt. Das heißt, er packt am 23. Dezember seine kleine Schwester, den Hund, die Weihnachtsgeschenke, die Einkäufe und den Lesestoff für eine Woche in unseren Lieferwagen und fährt ins Weinviertel. Wir schließen am Abend des 23. Dezember den Laden ab, räumen notdürftig auf – das heißt, wir füllen die Lücken in den Regalen –, und dann gehen wir ins Restaurant zwei Straßen weiter zu unserem Freund Georg zum Essen. Wahrscheinlich ist das der glücklichste Tag im Jahr, nur merken wir es nicht, weil wir so fix und fertig sind. Wir essen richtig gut, trinken viel zu viel und gehen viel zu spät ins Bett, denn: Am nächsten Tag ist es vorbei! Die letzten fünf Stunden am Heiligen Abend sind geprägt vom großen »Alles-egal-Gefühl«. Es kommt keine Ware mehr an, das heißt, wir packen nichts aus. Und die Kunden, die jetzt noch kommen, sind demütig und bescheiden. Echte Verzweiflungstäter, die gar nicht davon ausgehen, dass sie ihr Wunschbuch noch bekommen. Also keine Rede von: »Wie, das haben Sie nicht lagernd?« oder »Bei Amazon würd ich es aber sofort bekommen.« Die Kunden am 24. Dezember sind dankbar und kaufen alles, was da ist. Wollen sie ein Bergbuch, kann es passieren, dass sie mit einem Fahrradbuch dahinziehen, eine Biographie kann auch mal zum Kochbuch werden. Hauptsache, es ist in Weihnachtspapier eingewickelt. Um dreizehn Uhr sperren wir zu, die Mitarbeiter, die keine Kinder haben, also mit uns arbeiten mussten, stoßen einen lauten Schrei aus, wir fallen uns alle um den Hals, nachdem wir das Türschild auf *Geschlossen* gedreht haben. Eine Flasche Sekt wird geöffnet, kleine Geschenke werden verteilt, und dann wollen alle so rasch wie möglich den Ort verlassen, an dem sie während der letzten Wochen den Großteil ihrer Zeit verbracht haben. Oliver und ich rennen zum Bahnhof und versorgen uns beim Fastfoodrestaurant mit Proviant und einem großen Becher Kaffee. Der Zug hat die Stadtgrenze noch nicht erreicht, da lehne ich bereits an der Schulter meines Mannes und schlafe.

Und am Bahnhof im Weinviertel stehen unsere Kinder und der Hund, und es ist kalt und fast schon dunkel, aber die Fenster des kleinen Hauses sind erleuchtet, und in beiden Öfen brennt ein Feuer. Als aufgeräumt kann man es nicht gerade bezeichnen, und der Christbaum ist nur vorn geschmückt, die Kinder hatten nicht so viel Zeit, schließlich mussten sie zwei *Harry-Potter*-Filme schauen. Zum Essen gibt es Lasagne, denn die kann mein Sohn wirklich gut. Ein Schläfchen auf dem Sofa, ausgedehnte Gassi-Runde, Bescherung, Essen, Spielen. Und alle fünf Minuten muss ich daran denken: Ich muss morgen nicht in den Laden. Ich muss morgen keine Romanhandlung nacherzählen. Ich muss morgen kein Geschenk verpacken. Ich bin der glücklichste Mensch auf der Welt.

LAUREN LETO

Zehn Tipps für das Anbandeln in Buchhandlungen

Bist du Lauren?«, fragt der Typ, der sich aus kniender Position vor dem Regal der Abteilung fernöstliche Philosophie aufrichtet, dem er gerade ein Buch entnommen hat. Es ist das *I Ging*, das nun mit geknicktem Buchrücken in seinen Händen ruht. Ich erwäge, es abzustreiten. Er ist zwar süß, ich habe aber meine Erfahrungen mit Fernöstliche-Philosophie-Liebhabern gemacht und nicht die Absicht, diesen Weg erneut einzuschlagen. Als wäre das nicht schon schlimm genug, halte ich ein Buch des Polit-Journalisten Thomas Friedman in der Hand. »Lauren … Leto?«

›Ach du Scheiße, er kennt mich‹, denke ich. »Hi! Stimmt.«

Ich stehe zu meiner Identität. Er entpuppt sich als Arbeitskollege einer Freundin von mir.

Zwischen uns entspinnt sich ein Gespräch darüber, warum wir hier sind und was wir kaufen. Ich erkläre, dass ich zwar kein Thomas-Friedman-Fan bin, mich aber hinlänglich für *Die Welt ist flach* interessiere, um einen Blick ins Buch zu riskieren. Er erklärt, dass er sich zwar nicht für fernöstliche Philosophie interessiert, ein von ihm geschätzter Dirigent aber das *I Ging* regelrecht verehre, weshalb er sich einen Eindruck davon verschaffen wolle. Ich atme ein wenig freier.

Nach dieser ersten Begegnung waren wir etliche Jahre zusammen. Daher finde ich, dass ich mir mit einiger Berechtigung anmaßen kann, die folgenden zehn Anbaggertipps für Buchläden aufzustellen.

Das Wichtigste vorab: Alles dreht sich um die Bücher. Das Beste daran, jemanden in einem Buchladen kennenzulernen, ist, von Gegenständen umgeben zu sein, über die man reden kann, wobei man vielleicht genau den Schlüssel in der Hand hält, der einem die Tür zum Herzen des Gegenübers öffnet.

1. Zuzugeben, dass man irgendeinen Autor oder ein bestimmtes Buch nicht kennt, disqualifiziert einen nicht von vornherein, doch für den Fall, dass ein Gesprächsthema deinen Horizont übersteigt, solltest du wenigstens eine solide Ausstiegsstrategie parat haben. Wenn man nicht weiterweiß, täuscht man am besten vor, von einem anderen, unbekannteren Autor besessen zu sein. »Nein, mit Bellow konnte ich nie etwas anfangen – als alle

meine Freunde ihn gelesen haben, war ich ziemlich intensiv mit Bernhard beschäftigt.«

2. Liefere eine plausible Erklärung für ein ansonsten peinliches Buch in deiner Hand, indem du es als Geschenk oder Pflichtlektüre für einen Lesezirkel ausgibst.

3. Du führst ein tolles Gespräch? Bleib am Ball. Versuche, durch die Gänge zu schlendern und auf deine Lieblingsbücher oder Neuerscheinungen hinzuweisen, die du dir unbedingt besorgen willst. Läuft es ganz hervorragend? Weiter geht's im Coffeeshop der Buchhandlung oder einem nahe gelegenen Café (es gibt immer eins in der Nähe). Meist muss man nur ein paar Schritte durch die Zeitschriftenabteilung gehen. Einfacher wird's nicht.

4. Schaut euch zum Spaß in der Ratgeberabteilung beim Thema Liebe um. Wenn dein Gegenüber aus unerfindlichen Gründen die Flut von Informationen darüber, wie man sich einen Partner schnappt, nicht lustig findet, nimm die Beine in die Hand.

5. Beim Durchstöbern der Buchhandlung bieten sich unendlich viele Gesprächsthemen an: eure Lieblingsbücher während der Highschoolzeit,

warum wir schöne Bucheinbände so verlockend finden, weshalb *Die Selbstmord-Schwestern* das meistgestohlene Buch in den USA ist, Anekdoten wie die, dass Alain de Botton eine Woche als selbsternannter ›Flughafenschreiber‹ in Heathrow verbrachte und darüber einen Verlagsvertrag abschloss (er verarbeitete seine Erlebnisse in *Airport. Eine Woche in Heathrow,* falls ihr es genau wissen wollt). Ist dir klar, welche interessanten Wendungen das Gespräch nun nehmen kann?

6. Es ist leicht, ein Gespräch anzufangen. Nähere dich der Person, die gerade die Abteilung russische Literatur auf den Kopf stellt. »Was suchst du denn?« (Es muss klar sein, dass du keine Angestellte bist.) Lächle. Er sagt: »*Der Meister und Margarita.*« Darauf du: »Eine Freundin hat mir eben erst von dem Buch erzählt! Sie findet es toll.« Trag nicht zu dick auf. Das Innere eines Buchladens ist der falsche Ort, um es dir durch Bluffen mit einem Leser zu verscherzen.

7. Allein schon durch ihr Stöberverhalten verraten Menschen eine Menge über sich. Wir sind Gewohnheitstiere, und wenn jemand in der Geschichtsabteilung sitzt, stehen die Chancen gut, dass dieser Person die historische Biographie gefallen würde,

die du eben erst gelesen hast – du musst gar nicht weit ausholen. Schlage zu Beginn des Gesprächs ein gutes Buch vor, das dem ähnelt, was dein Gegenüber gerade in der Hand hält. Im besten Fall hat er es bereits gelesen. Wenn man nur will, kann das stundenlang Gesprächsstoff bieten. So ein Buch ist wie eine tief hängende Frucht; als würden den Leuten Schilder um den Hals hängen, die ihre Vorlieben verkünden.

8. Manchmal ist eine lange Warteschlange an der Kasse genau die richtige Herausforderung. Zwar ist die Wahrscheinlichkeit eher gering, dass man in den höchstens zehn Minuten, die man braucht, um zur Kasse zu gelangen, eine echte Verbindung zu jemandem herstellt, aber egal, die passende Chemie entsteht in unter einer Sekunde, den Versuch ist es also allemal wert.

9. Bemüh dich, den netten Typ oder die süße junge Frau während des ganzen Erlebnisses nicht nach seinem oder ihrem Arbeitsplatz oder Wohnort zu fragen. Das Beste daran, wenn man eine Person in einer Buchhandlung anquatscht: Man muss nichts über ihr Privatleben wissen und kann doch ein tolles Gespräch führen.

10. Sprich den Siegeszug des E-Book-Readers an. Besitzt dein Gegenüber einen? Gefällt er ihm oder ihr? Erzähl von deiner Lieblingsbuchhandlung in irgendeiner Stadt und wie du dir nicht vorstellen kannst, dass es diesen Laden nicht mehr gäbe. Beklage den Umstand, dass ihr euch in einer Welt ohne Buchläden nie begegnet wärt.

Nachweis

Leo P. Ard, eigentlich Jürgen Pomorin (* 15. Januar 1953, Bochum):
Die Todsünden der Buchhändlerin Roswitha E. Aus: *Lies oder stirb! Mörderisches aus dem Bücherdschungel.* Copyright © 2014 by Grafit Verlag GmbH, Dortmund.

Claire Beyer (* 13. Juli 1947, Blaichach / Oberallgäu):
Buchhändler Rogalsky. Aus: *Meine wunderbare Buchhandlung.* Herausgegeben von Dirk Kruse. Copyright © 2010 by ars vivendi verlag GmbH & Co. KG, Cadolzburg.

Claus-Ulrich Bielefeld (* 1947, Bad Schwalbach):
Herodots wilde Reisen (Titel vom Herausgeber). Aus: Bielefeld & Hartlieb, *Auf der Strecke.* Copyright © 2011 by Diogenes Verlag, Zürich.

Jörn Birkholz (* 2. März 1972, Bremen):
Derangiert I und *Derangiert* II (Titel vom Herausgeber). Aus: Jörn Birkholz, *Schachbretttage.* Copyright © 2014 by Folio Verlag Wien / Bozen.

Penelope Fitzgerald (17. Dezember 1916, Lincoln, Lincolnshire – 28. April 2000, London):
Die Buchhandlung. Aus dem Englischen von Christa Krüger. Erstes Kapitel aus: Penelope Fitzgerald, *The Bookshop.* HarperCollins, London 1978. Copyright © 1978 by Pene-

lope Fitzgerald. Abdruck mit freundlicher Genehmigung. Copyright für die deutsche Ausgabe *Die Buchhandlung* © 2014 Insel Verlag, Berlin.

Für die deutsche Übersetzung: Copyright © 2000 Insel Verlag, Frankfurt am Main und Leipzig.

Gustave Flaubert (12. Dezember 1821, Rouen – 8. Mai 1880, Canteleu):

Bibliomanie. Aus dem Französischen von Traugott König. Aus: Gustave Flaubert, *Leidenschaft und Tugend.* Copyright © 2005 by Diogenes Verlag, Zürich.

Helene Hanff (15. April 1916, Philadelphia – 9. April 1997, New York):

Bücherbrieffreundschaft (Titel vom Herausgeber). Aus dem Amerikanischen von Rainer Moritz. Auszug aus: Helene Hanff, *84, Charing Cross Road.* Copyright © 1970 by Helene Hanff. Published by agreement with Flora Roberts, Inc., New York. Copyright der deutschen Ausgabe © 2002 by Hoffmann und Campe Verlag, Hamburg.

Petra Hartlieb (* 1967, München):

Herodots wilde Reisen (Titel vom Herausgeber). Aus: Bielefeld & Hartlieb, *Auf der Strecke.* Copyright © 2011 by Diogenes Verlag, Zürich.

Weihnachtsgeschäft (Titel vom Herausgeber). Aus: Petra Hartlieb, *Meine wundervolle Buchhandlung*. Copyright © 2014 by DuMont Buchverlag, Köln, S. 103–108.

Patricia Highsmith (19. Januar 1921, Fort Worth / Texas – 4. Februar 1995, Locarno / Schweiz):

Ein anstrengender Samstag (Titel vom Herausgeber). Aus dem Amerikanischen von Melanie Walz. Auszug aus: Patricia Highsmith, *Der Stümper.* Copyright © 2005 by Diogenes Verlag, Zürich.

Otto Jägersberg (* 19. Mai 1942, Hiltrup):
Bücher zum Einschlafen. Erschienen im Magazin *5plus.* Copyright © 2011 by Otto Jägersberg.

Madge Jenison (1874–1960):
Zwei Visionärinnen. Aus dem Englischen von Ariane Böckler. Aus: Madge Jenison, *Sunwise Turn. Eine Liebeserklärung an die Welt der Bücher.* Copyright © 2014 by edition ebersbach & simon, Berlin.

Tim Krohn (* 9. Februar 1965 in Wiedenbrück):
Der Geruch eines Buchs. Originalbeitrag für diese Anthologie. Copyright © 2015 by Tim Krohn.

Lauren Leto:
Zehn Tipps für das Anbandeln in Buchhandlungen. Aus dem Amerikanischen von Hans Herzog. Aus: Lauren Leto, *Judging a Book by Its Lover.* Harper Perennial, Harper Collins, New York. Copyright © 2012 by Lauren Leto.

William Somerset Maugham (25. Januar 1874, Paris – 16. Dezember 1965, Cap Ferrat bei Nizza):
Büchermenschen (Titel vom Herausgeber). Auszug aus dem Kapitel *Der Büchersack.* Aus dem Englischen von Mimi Zoff. Aus: W. Somerset Maugham, *Der Büchersack und andere Erzählungen.* Copyright © by the Royal Literary Fund. Copyright für die deutsche Ausgabe © 2005, 2008 by Diogenes Verlag, Zürich.

Ingrid Noll (* 29. September 1935, Shanghai):
Begegnungen in Buchhandlungen. Originalbeitrag für diese Anthologie. Copyright © 2015 by Diogenes Verlag, Zürich.

George Orwell, eigentlich Eric Arthur Blair (25. Juni 1903, Motihari / Bihar – 21. Januar 1950, London):
Erinnerungen an eine Buchhandlung. Aus dem Englischen

von Tina Richter. Aus: *Das George Orwell Lesebuch.* Copyright © Estate of the late Sonia Brownell Orwell. Copyright für die deutsche Ausgabe © 1981 by Diogenes Verlag, Zürich.

Martin Suter (* 29. Februar 1948, Zürich):
In der Provinz (Titel vom Herausgeber). Auszug aus: Martin Suter, *Lila, Lila.* Copyright © 2004 by Diogenes Verlag, Zürich.

Urs Widmer (21. Mai 1938, Basel – 2. April 2014, Zürich):
Buchhändler! Aus: Urs Widmer, *Vom Fenster meines Hauses aus.* Copyright © 1977 by Diogenes Verlag, Zürich.

Jens Wonneberger (* 3. Mai 1960, Großröhrsdorf):
Goetheallee. Auszug aus: Jens Wonneberger, *Goetheallee.* Copyright © 2014 by müry salzmann, Salzburg–Wien–Berlin.

Claus-Ulrich Bielefeld & Petra Hartlieb im Diogenes Verlag

Die beiden Autoren verbindet seit Jahren eine heitere deutsch-österreichische Freundschaft. Kennengelernt haben sie sich in Hamburg, wo Petra Hartlieb als Pressefrau für einen Verlag arbeitete und Claus-Ulrich Bielefeld beim Rundfunk tätig war. Die vielen kulturell bedingten Missverständnisse haben ihre Freundschaft nicht getrübt, sondern im Gegenteil dazu geführt, dass sie zusammen ein Buch geschrieben haben. *Auf der Strecke* heißt ihr Debüt, ein Krimi mit zwei Ermittlern, einem eigensinnigen Kommissar aus Berlin und einer temperamentvollen Frau Inspektor aus Wien.

»Die temperamentvoll-chaotische Anna Habel und der melancholisch-zynische Thomas Bernhardt: ein zänkisches und humorvolles Gespann.«
Märkische Allgemeine, Potsdam

Auf der Strecke
Ein Fall für Berlin und Wien
Roman

Bis zur Neige
Ein Fall für Berlin und Wien
Roman

Nach dem Applaus
Ein Fall für Berlin und Wien
Roman

Im großen Stil
Ein Fall für Berlin und Wien
Roman

Otto Jägersberg im Diogenes Verlag

Otto Jägersberg, geboren 1942 in Hiltrup (Westfalen), arbeitete nach einer kaufmännischen Lehre in Münster als Buchhändler, Antiquar und Drucker in Berlin, Zürich und in Stierstadt. Mit seinem Debütroman *Weihrauch und Pumpernickel*, der 1964 erschien, war Otto Jägersberg der erste neuentdeckte deutsche Autor im noch jungen Diogenes Verlag. Seither ist Otto Jägersberg freier Autor und Filmemacher.

»Das ist nun wirklich ein guter Schriftsteller, frech und gottesfürchtig. Ich gratuliere Ihnen zu diesem Fund! Leute, bei denen man nicht lachen muss, sondern lachen kann, sind ja äußerst selten.«
Alfred Andersch

»Man kann Jägersbergs Gedichtzeilen und Prosastücke wunderbar schlückchenweise genießen, ist dann aber unter Umständen schnell angeheitert.«
Frank Lorentz / Welt am Sonntag

»Souverän, ironisch, gelassen.« *Elke Heidenreich*

Weihrauch und Pumpernickel
Ein westpfählisches Sittenbild

Der Herr der Regeln
Roman

Keine zehn Pferde
Gedichte

Die Frau des Croupiers
Prosa